Andreas Felger

Alb

Andreas Felger

Alb

Aquarelle

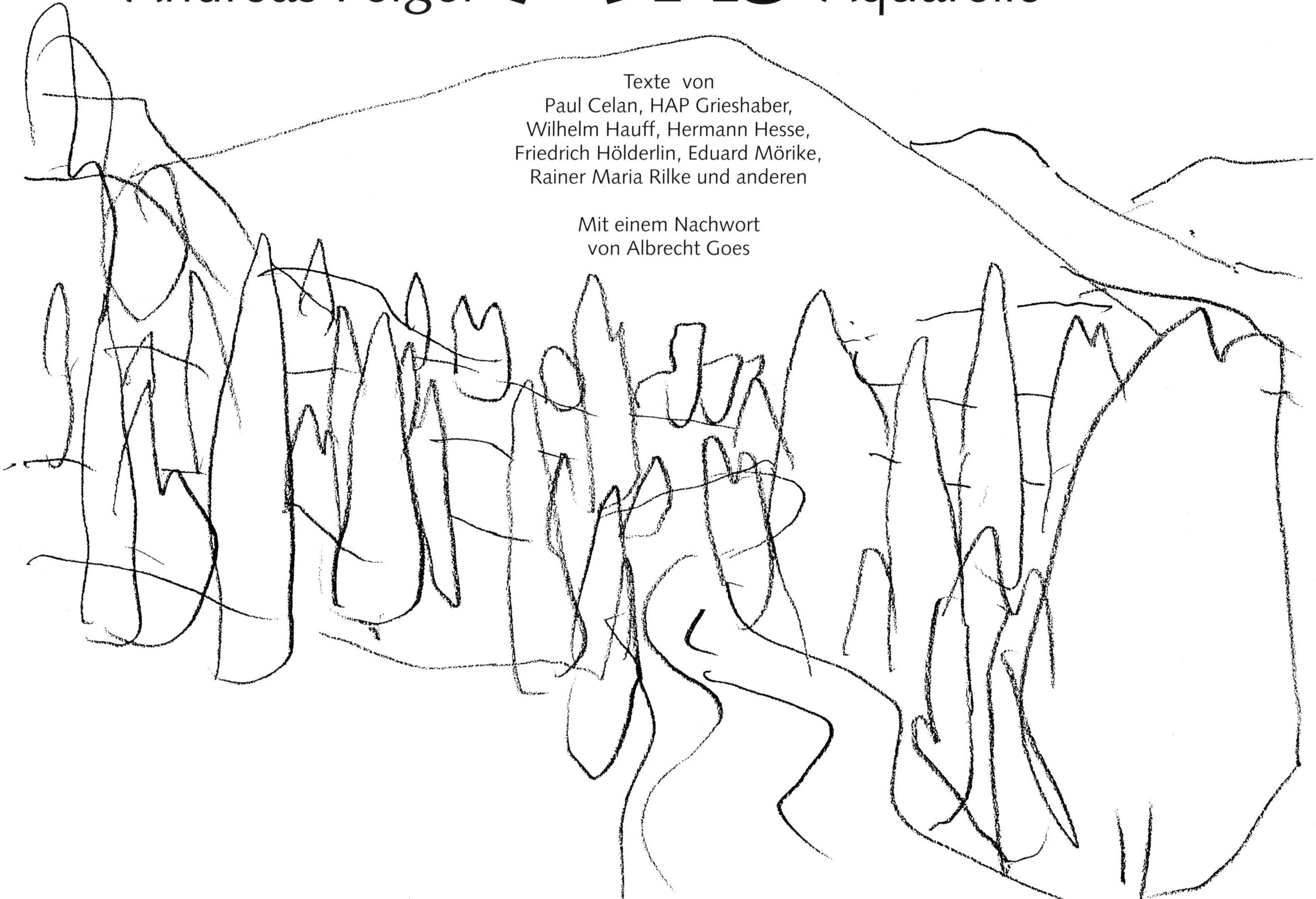

Texte von
Paul Celan, HAP Grieshaber,
Wilhelm Hauff, Hermann Hesse,
Friedrich Hölderlin, Eduard Mörike,
Rainer Maria Rilke und anderen

Mit einem Nachwort
von Albrecht Goes

Präsenz

Inhalt

Andreas Felger

Auf halber Höhe eines
Wacholderhangs skizziert ein Mann
Hügellinien der Schwäbischen Alb.
An ihrem Fuß wurde er 1935 in Belsen
geboren. Der kleine Ort und seine
Landschaft bergen Urerfahrungen
für den Maler: Die Senkrechten
steil aufstrebender Bäume,
die geheimnisvolle Dunkelheit des
nahen Waldes, das gleißende Licht
eines Sonnentages, Blumenwiesen,
ein murmelnder Bach und der Geruch
eines Holzes jahrhundertealter Häuser.
Felger lernt Musterzeichner, beständig
beschäftigt ihn der Zusammenklang
von Farbe und Fläche. In München
nimmt er das Studium an der Kunst-
akademie auf. Ein breites Spektrum
erschließt sich ihm: Zeichnung und
Lithographie, Aquarell und Ölbild...
Aus künstlerischen Techniken wird in
jahrzehntelanger Arbeit urpersönliche
Sprache. Der seit 1973 kontinuierlich
weiterentwickelte Holzschnitt
läßt sich wie ein Tagebuch
dieses Wegs betrachten.
Den wachsenden Herausforderungen
zur Gestaltung von Räumen antwortet
er mit symbolischen Glasfenstern,
subtilen Bildwebereien und
monumentalen Holzreliefs.
Musik unseres Jahrhunderts und das
schriftstellerisch verdichtete Wort
inspirieren ihn zu Einzelbättern und
Zyklen. Zahlreiche Ausstellungen,
geographisch weit gespannt,
wechseln als Dialogräume mit Phasen
stiller Zurückgezogenheit.
Die Auseinandersetzung mit
geschichtlichen Entwicklungen,
Gedanken der Bibel und dem
Phänomen der Zeit lassen in seinem
Werk Menschen und Landschaften,
Weltgeschichte und Heilsgeschichte
immer mehr miteinander
veschmelzen.

Verweilen und anschauen

Für viele Menschen unserer Gegenwart, einer schwer deutbaren Epoche in der Geschichte der Menschheit, ist die Landschaft geheimnislos geworden, wie ihnen andererseits das lebendige Geschichtsbewußtsein immer mehr verlorenzugehen scheint. Der Tag beherrscht sie und die flüchtigen Bilder, die an ihnen vorüberziehen, wenn sie mit ihren raschen Wagen auf wohlgebauten Straßen dahinfahren. Rechts und links liegt das Land: Wiesen, Äcker, Gärten, Wälder; Hügel und Berge erheben sich an ihrem Weg; an Halden weidet Vieh, dazwischen liegen Höfe, Weiler, Dörfer und Städte, dort leben die Menschen, an deren Schicksal man nur selten noch teilnimmt. An all dem eilen sie vorüber, sie meinen es zu kennen, aber von dem Geheimnis, das jede Landschaft in sich birgt, werden sie kaum berührt. Der Seele einer Landschaft will wandernd begegnet werden. Wir müssen verweilen und uns versenken können; wir müssen das Bild einer Landschaft anschauen, es befragen und geduldig auf die Antwort warten. Wer vermag heute noch die Stimme zu vernehmen, mit der ein altes Bauernhaus, eine Dorfkirche am Wege zu uns spricht? Wer taucht in die Geschichte zurück, deren Zeuge Brücke und Tor, Kirche und Schloß sind? Viele Menschen werden fortgerissen vom Strom einer Epoche, die der Natur und der Geschichte sich entziehen möchte, die das Geheimnis nicht mehr kennt oder gar fürchtet.

Unsere Alblandschaft aber ist erfüllt von diesen Geheimnissen. Das dramatische Geschehen, dem sie ihre Gestalt dankt, ist allerorts fühlbar. Wir lesen in den Büchern von der Vergangenheit dieses Juragebirges, wandern wir wachen Auges und offenen Herzens, nehmen wir heute noch teil an diesem uralten Werden. Wir fühlen es: hier ist der Nachklang der unermeßlichen Zeiträume noch gegenwärtig. Wer die Alb durchwandert, lernt in den Tälern und auf den Höhen, an den Steilhängen und auf den hochragenden Felsspitzen, in den Maaren und Höhlen das Bild dieser Landschaft kennen.

Otto Heuschele

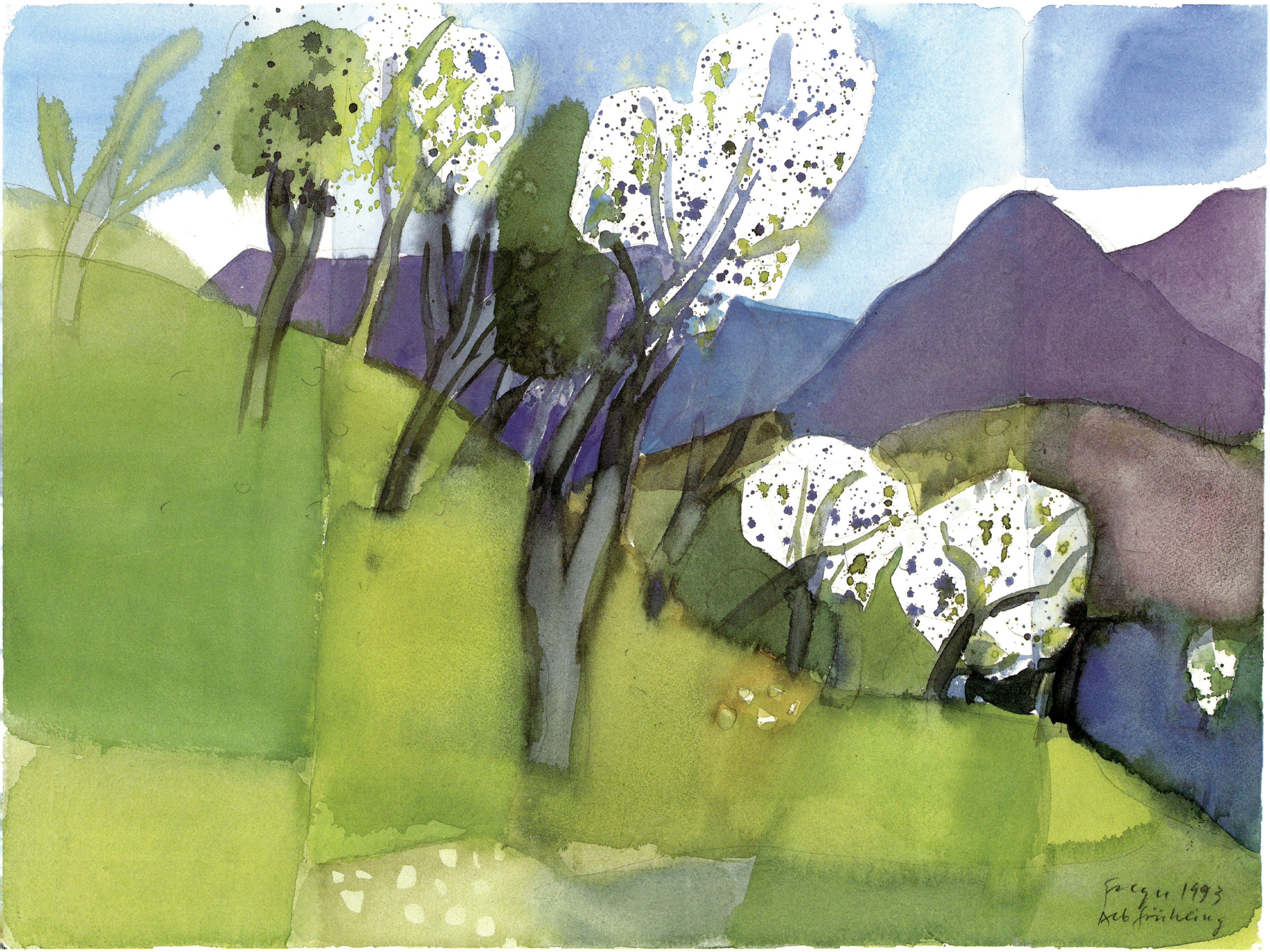
1993

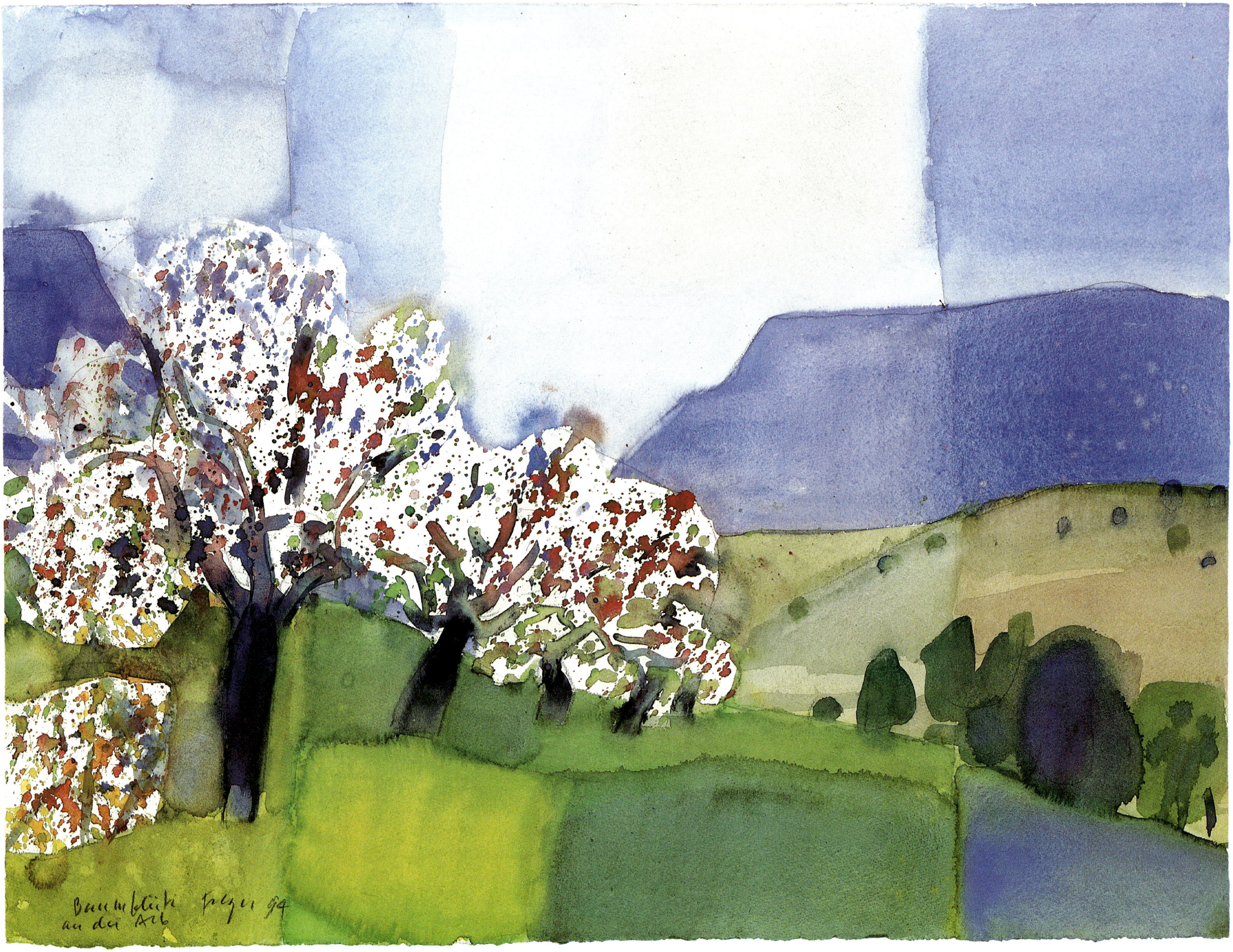
Baumblüte
an der Alb
94

Wenn der Blütenschimmer
der Kirschbäume auf den Hügeln
länger währte
als ein paar Tage,
wir würden ihn so innig nicht lieben.

Yamabe no Akahito

Schwäbische Alb

In allen Tälern Obstbaumblütenduft,
aus den Gehängen Buchenwälder streben,
darüber hoch die Felskolosse schweben,
und Lerchen steigen jubelnd in die Luft.

Der Efeu schlingt sich dicht von Kluft zu Kluft,
um jede Klippe einen Kranz zu weben,
und in der Tiefe, welch geheimes Leben
in quelldurchrauschter Höhlen tiefer Gruft.

Vor dem Gebirg die Einzelberge ragen,
das kahle Haupt verklärt vom Abendlichte
und schön umrauscht von alten Heldensagen.

Von ihren Burgen, jetzt in Staub zerschlagen,
ward einst im Sturmeslauf die Weltgeschichte
bis in das ferne Morgenland getragen.

Eduard Paulus

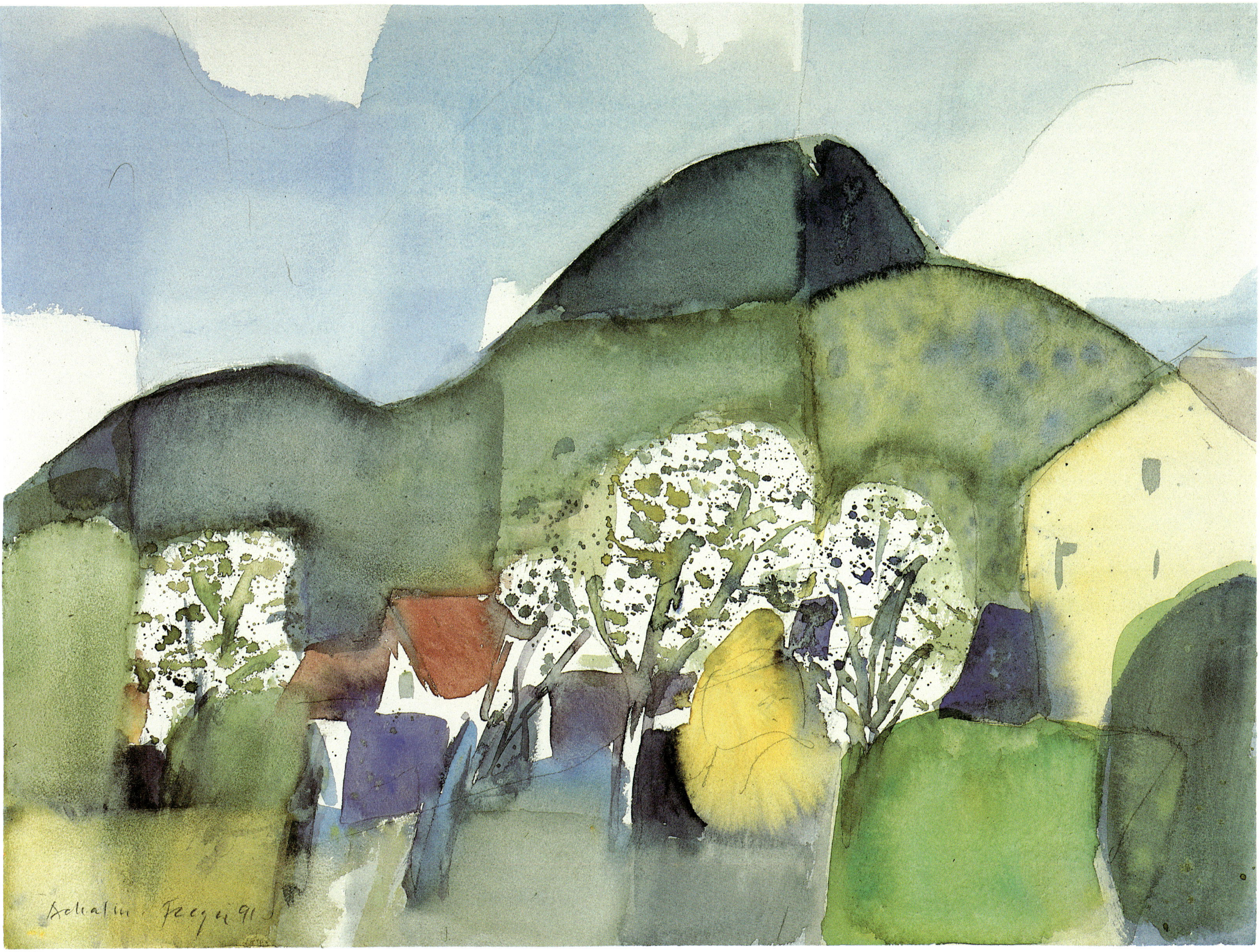

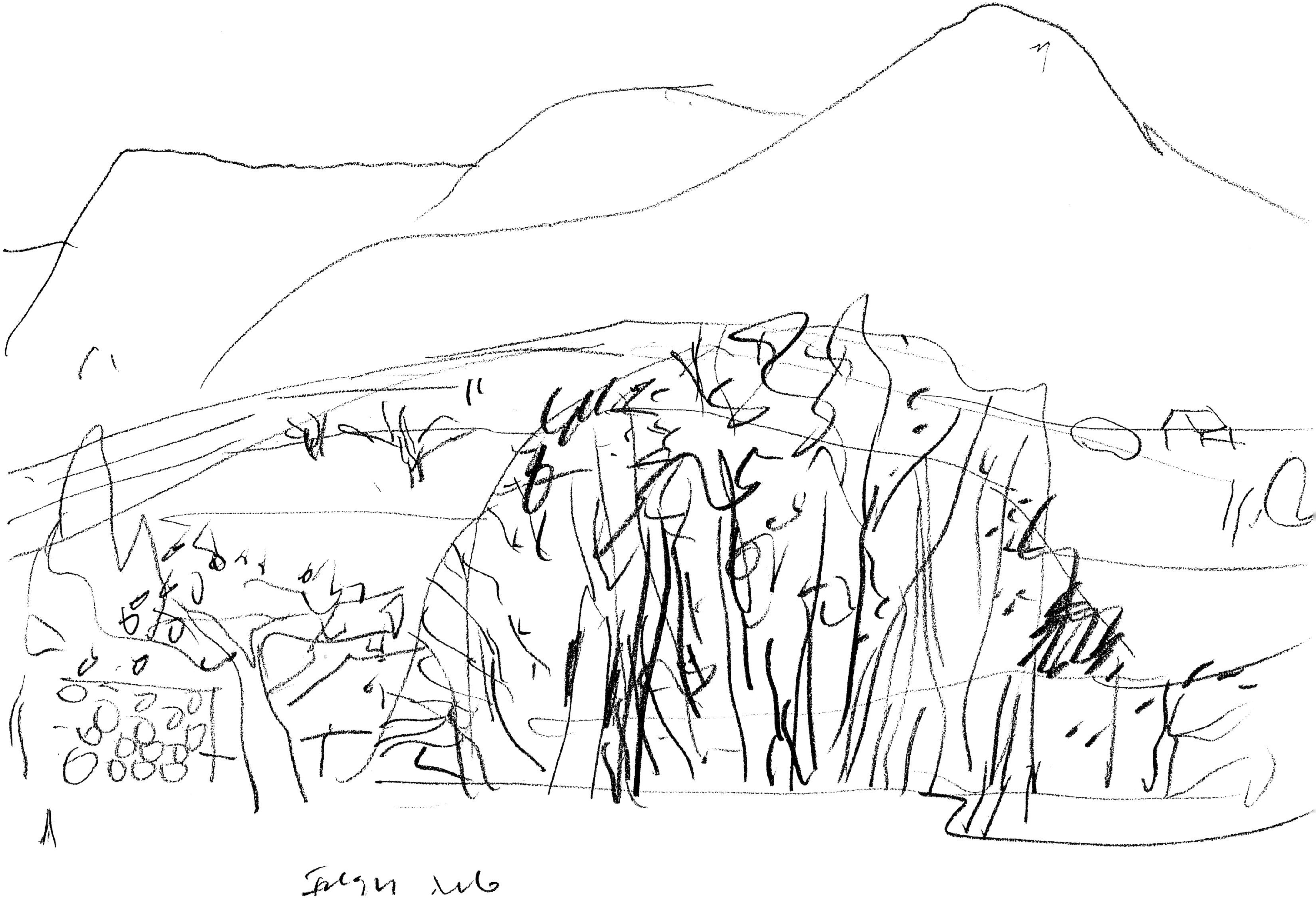

Bergmärchen

So gering jedoch die Entfernung war,
so reichte sie hin, den anmutigen Berg
schlanker und zierlicher zu zeigen als
wir ihn je gesehen hatten, und ihm
das zu geben, was die Nähe nicht so
entschieden erscheinen läßt:
eine Gestalt.

Eine zweite, dieser ähnlich, war der
Hohenneufen, der etwas weiter
entfernt sich mit seiner schönen
Mauerkrone von dem Gebirge hob
und gleichsam mit einem Fuß aus
demselben herauszutreten schien.

Der dritte im Kleeblatt dieser
schlanken Berge und der schönste war
der Hohenstaufen, der in den blauen
Duft der Ferne gehüllt einsam aus
Nordosten herüberblickte. Zwischen
der Achalm und dem Neufen hatte
sich der Sattelbogen langgestreckt wie
ein Kamelsrücken hingelagert. Hinter
dem Neufen sah die Teck hervor,
als ob sie einen Lauscherposten
einnähme. Diese ganze Gruppe von
Bergen, die den östlichen Teil der
Aussicht bildete, bot eine höchst
lebendige Erscheinung dar, und trotz
ihrer stummen Unbeweglichkeit
nahmen sie sich nicht anders aus als
wie wenn sie in einem stillen Verkehr,
ja in einer leibhaften Handlung
miteinander begriffen wären.

Hermann Kurz

Eingedunkelt

Erlisch nicht ganz – wie andere es taten
vor dir, vor mir,

das Haus, nach dem Knospenregen,
nach der
Umarmung,
weitet sich über uns aus,
während der Stein
festwächst,

ein Leuchter, groß und allein,
taucht hinzu,
erkennt,
als die Schale, ganz aus Porphyr,
aufbricht, wie
es von Verborgenem
wimmelt, unabwendbar,

erfährt,
wo die offenen Augen jetzt stehn,
morgens, mittags, abends, nachts.

Paul Celan

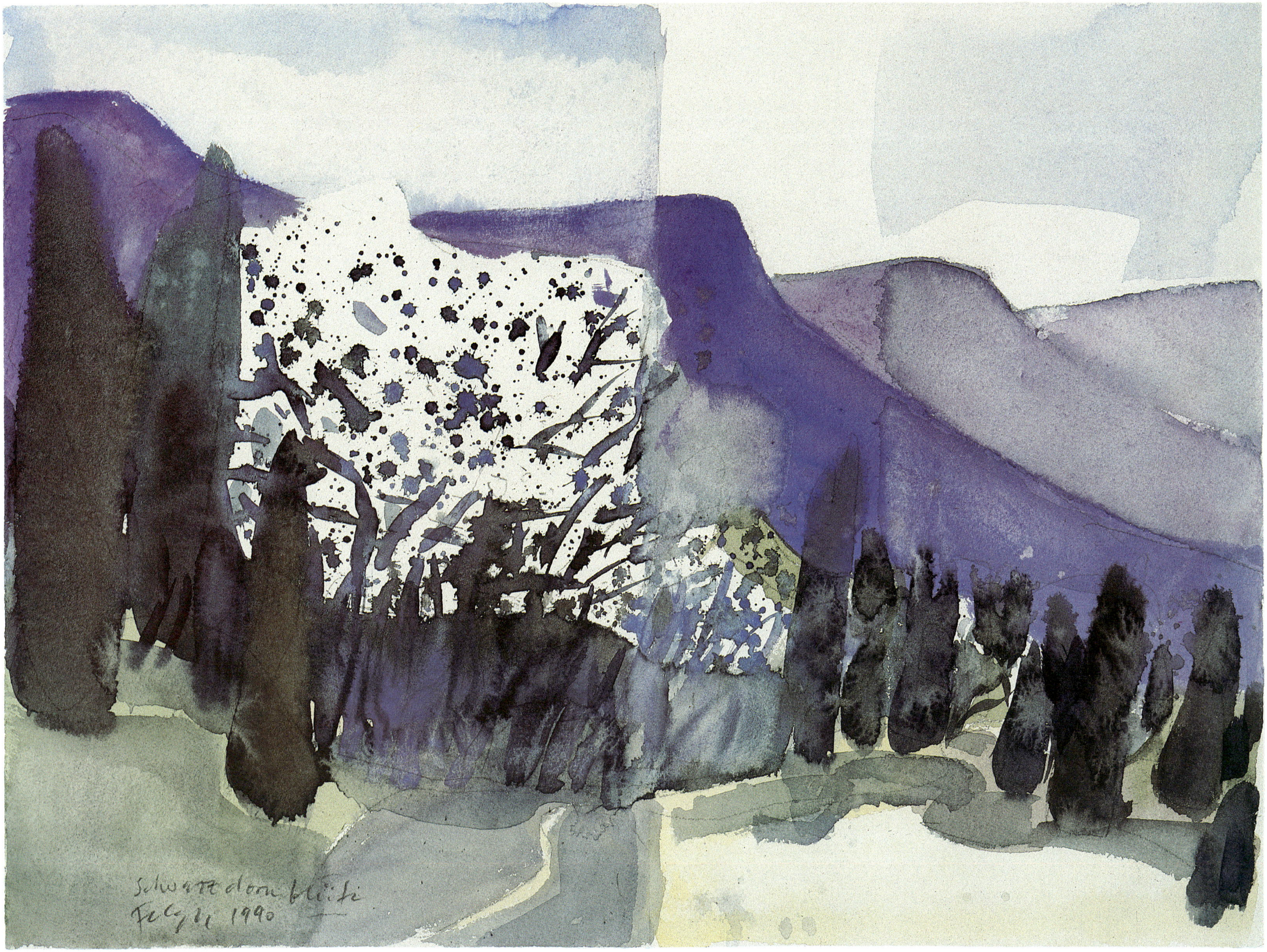
Schwarzdornblüte
1990

Es war einmal ein kleines Dorf,
das an einem der bewaldeten
Abhänge eines herrlichen Gebirges
nistete. Vor vielen hundert Jahren
hatte es sich an einem Morgen –
oder an einem Abend –
dort niedergelassen. Niemand hätte zu
sagen vermocht, wann das war.
Frau Natur, die zu seiner Taufe
erschienen war, legte ihm die
schönsten Ausblicke in die Wiege...
Dieses kleine Dorf nahm zu an Alter
und Weisheit. Solange man sich
zurückerinnern konnte, hatte es für
seine Bewohner friedvolle, heitere
Tage gewebt, die durchwirkt waren
von Arbeit, Gebet und Gesang.
Wie alle glücklichen Menschen hatte
es keine Geschichte. Und doch!
Seine Sommer dufteten wie der
Frühling. Seine Winter schminkten es
mit dem Goldbraun und Rotgelb des
Herbstes und belebten so die grünen
Helme der Pinienhaine, und
manchmal hüllten sie es ganz in Weiß;
wenn der Wind nämlich Lust hatte,
zupfte er an den Wolken und
entfederte sie zum Vergnügen der
Kinder. ...

Mansour Labaky

Der Acker
nackt unterm Mondpflug
rennt auf mich zu

Jede Furche
endet
in meinem Herzen

Willy Kramp

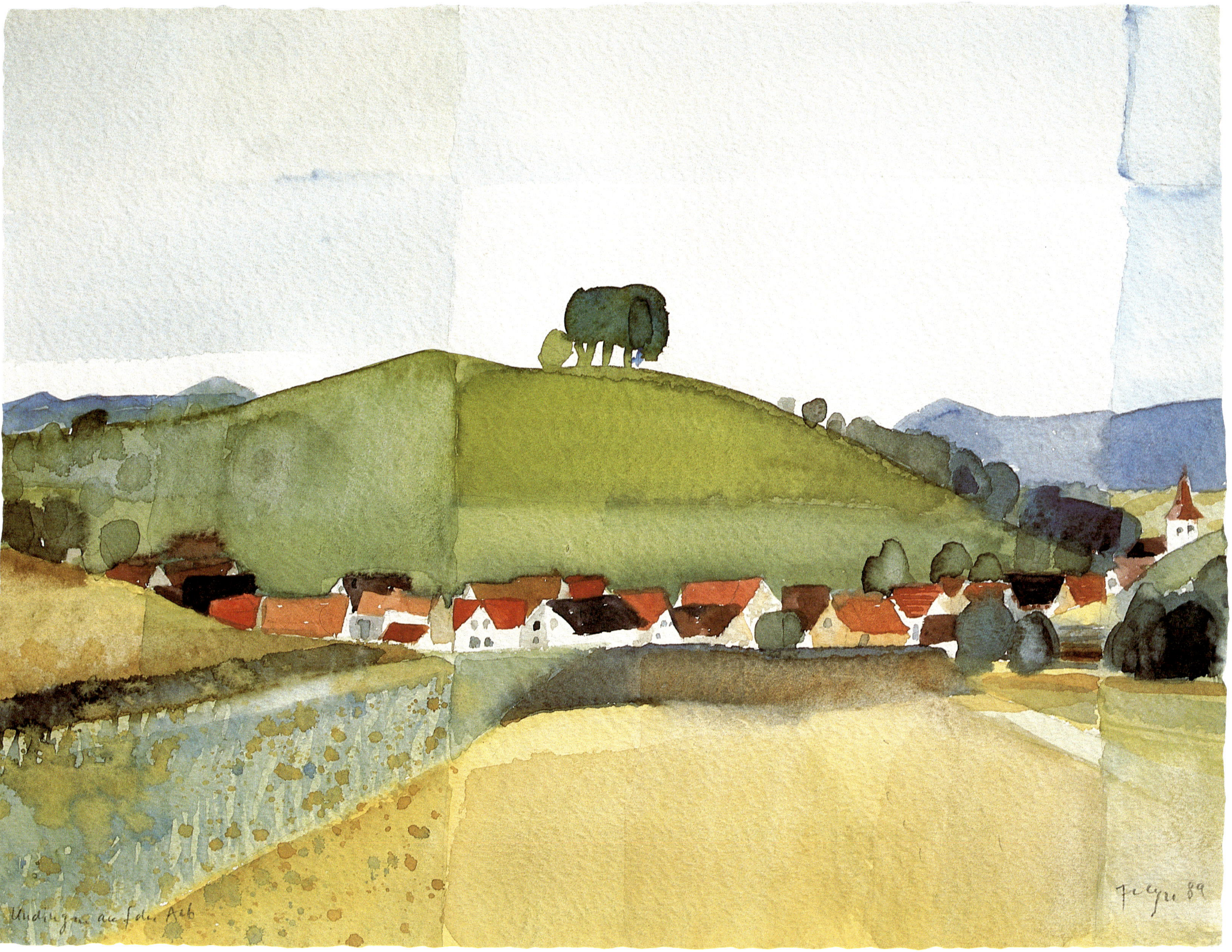
Undingen auf der Alb
89

Heimkehr

Die dunklen Berge harrten in den Jahren,
Da unter Fremden suchend nach dem Meinen
Ich sollte ruheloser Träume keinen
Und bittrer Schmerzen keinen mir ersparen.

Doch wer zuviel durch diese Welt gefahren,
In Furcht, zu schmelzen oder zu versteinen,
Dem wird die Heimat auch wie Fremde scheinen,
Wenn er zurückkehrt mit ergrauten Haaren.

Früh sinkt ein Bild in unsre Seele nieder,
Nach dem wir trachten, bis wirs neu gefunden,
Und in die Fremde glänzt ein treuer Stern;

So suche ich die dunklen Berge wieder
Und nach der Arbeit ungezählten Stunden
Den Trost der Glocken und das Wort des Herrn.

Reinhold Schneider

Die Blauquelle

Unter den berühmten Quellen
hat Dich, Blauquelle,
die ich besingen will, die Natur als
Mutter der Dinge gemacht.
Du bist wert, besungen zu werden,
Du klarste
unter den schönen Quellen;
Du läßt kristallklares Wasser aus
unerschöpflichem Abgrund fließen.
Aus einer tiefen Schatzkammer holst
Du nämlich das Wasser; eine tiefere
kann es, glaube ich, nicht geben.
Vielleicht, daß die Berge der Alpen
sich bis hierher absenken und Du
bemerkst, wie sie bis an Deinen
Abgrund herankommen wollen.
Den Alpen ist die sogenannte
Schwäbische Alb benachbart, die auch
diesen abschüssigen Ort erbaute.
Damit alles sich absenkt und
abschüssig ist, wird die Quelle von
felsigen Bergzügen umgeben.

Dieser Ort
mit seinem tiefen Abgrund ist
bewundernswert: Unten im Schlund
fließt blaues Wasser. Die Germanen
haben diese Farbe blau genannt.
Daher hat die Quelle bekanntlich
ihren Namen.
Bald bilden die Quelladern einen Fluß
und nehmen Kähne auf. Neben
vornehmen anderen Flüssen
fließt die Blau.

Theodor Reysmann

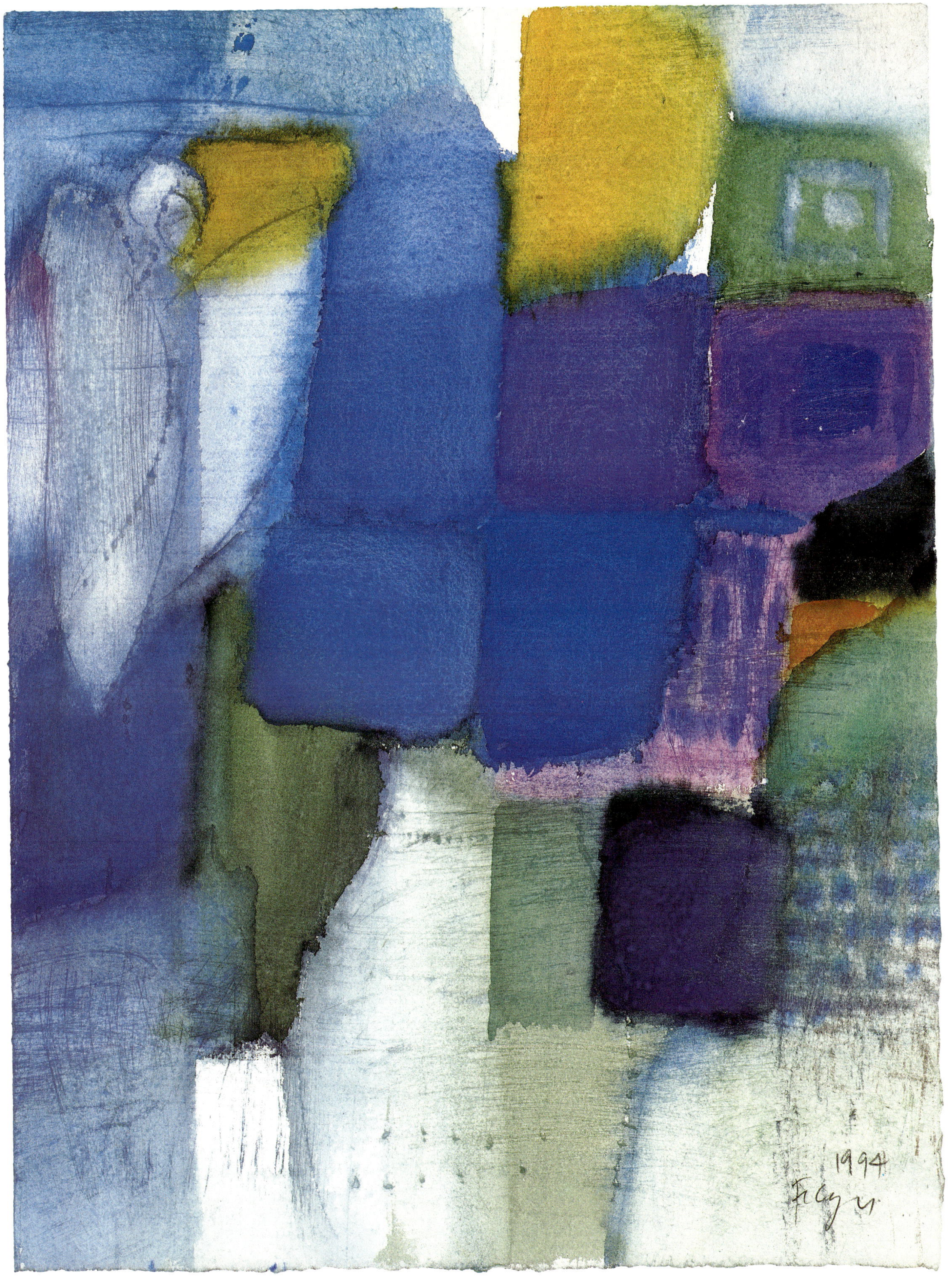
1994

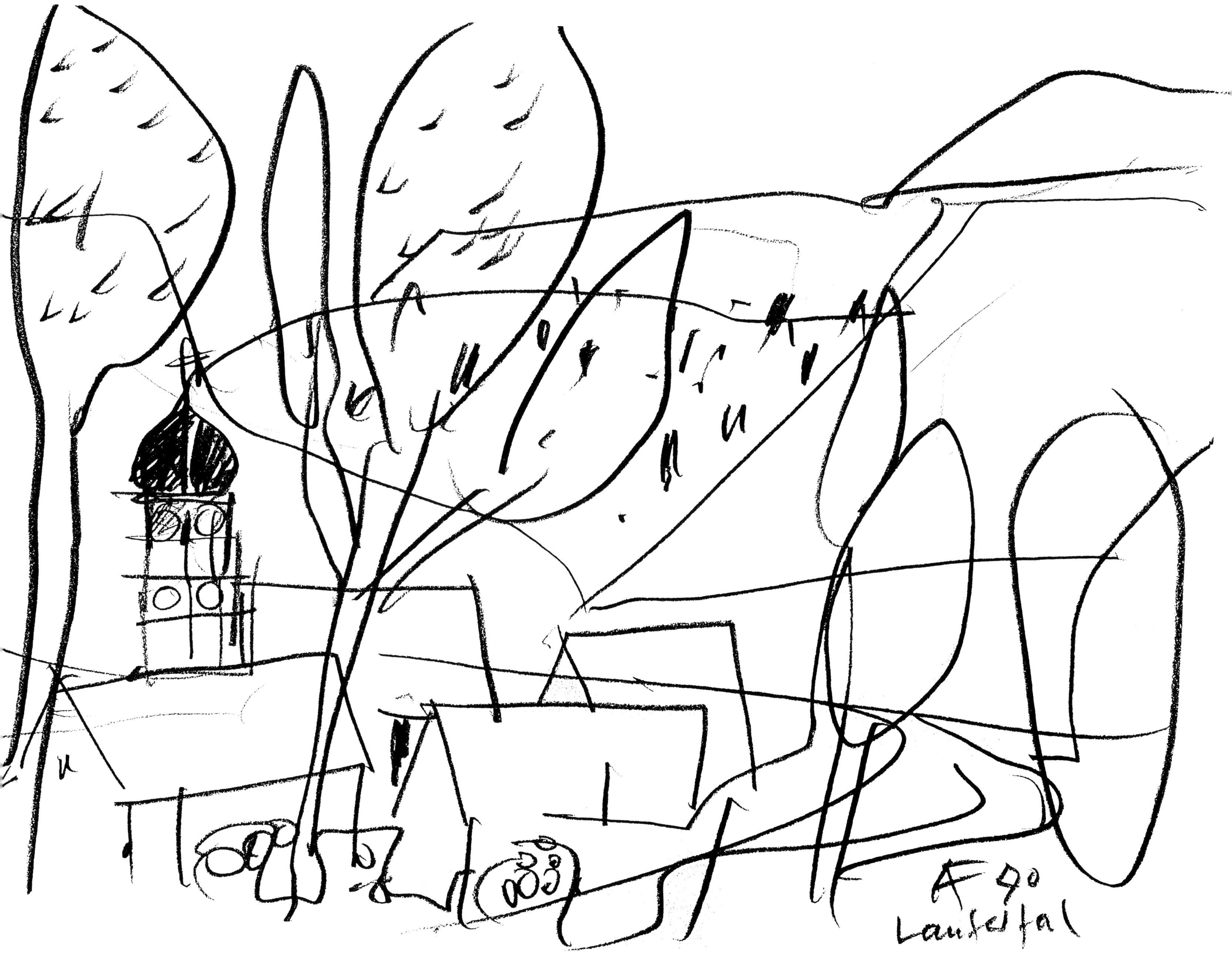
AF 90

Echo

Denkst du meiner, wenn der Hirte
Weidet seine braunen Schafe,
Denk ich dein, wie der Verirrte
Seiner Mutter denkt im Schlafe.

Denkst du meiner unter Sternen,
Die dem Mond die Straße schmücken,
Denk ich deiner als des fernen
Morgens über sieben Brücken.

Denkst du meiner bei den schönen
Glockenblumen an den Wegen,
Will ich dein im Abendtönen
Denken, bitten: Heil und Segen.

Albrecht Goes

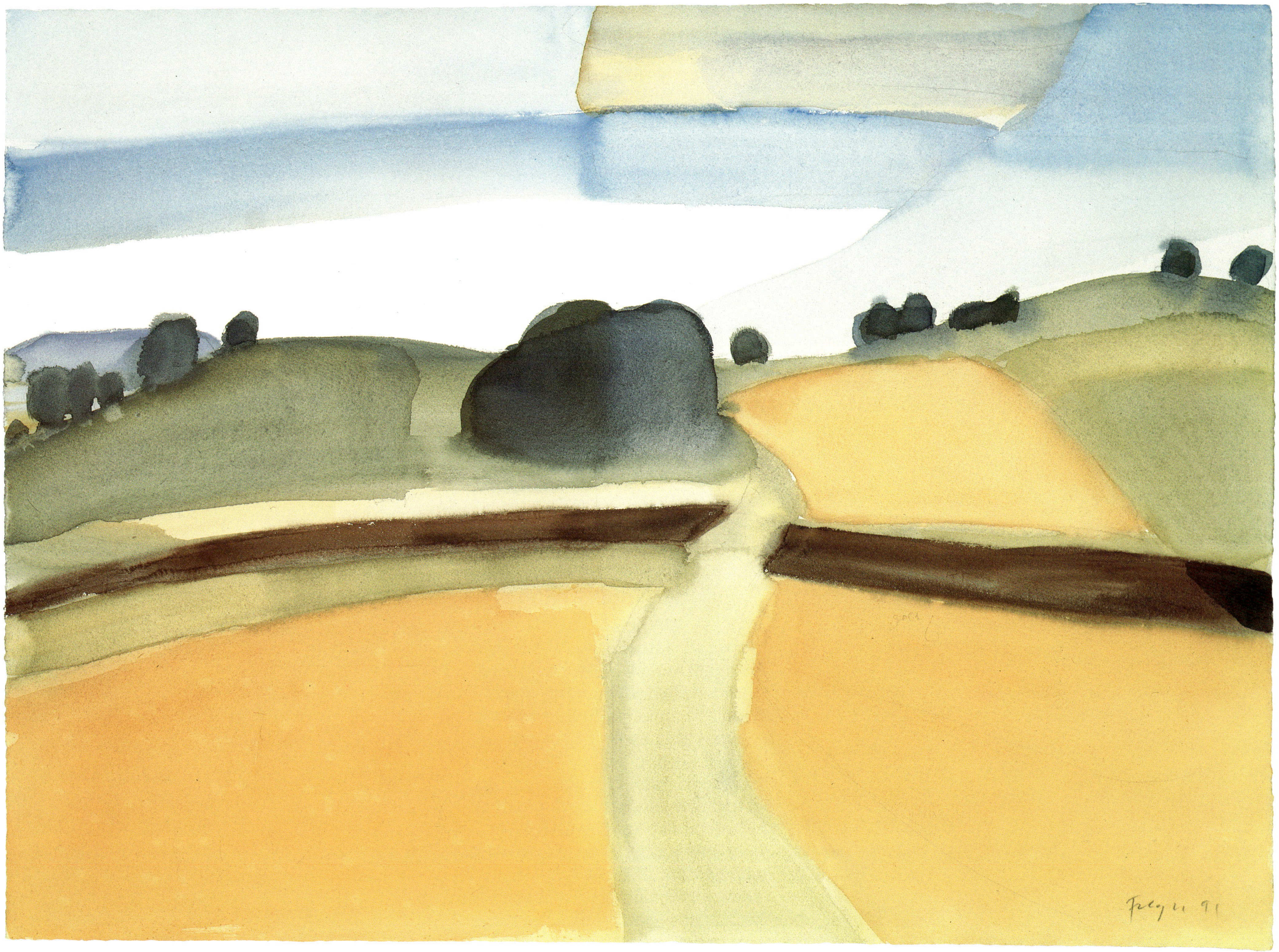

Sommertag auf der Alb

Die Wiesen sind nun abgemäht,
und goldner Glanz huscht durch die Flur.
Durch würzig-schwere Düfte geht
des Sommers heiße Blütenspur.

Johanniskraut und Majoran
stehn hoch am stillen Wiesenrain,
der Steinbrech und der Thymian
bekränzen jeden grauen Stein.

Die Hecke schwelgt im Rosenduft.
Da senkt mit leisem Flügelschlag
die Stille sich aus blauer Luft
und hüllt dich ein den lieben Tag.

Fritz Schray

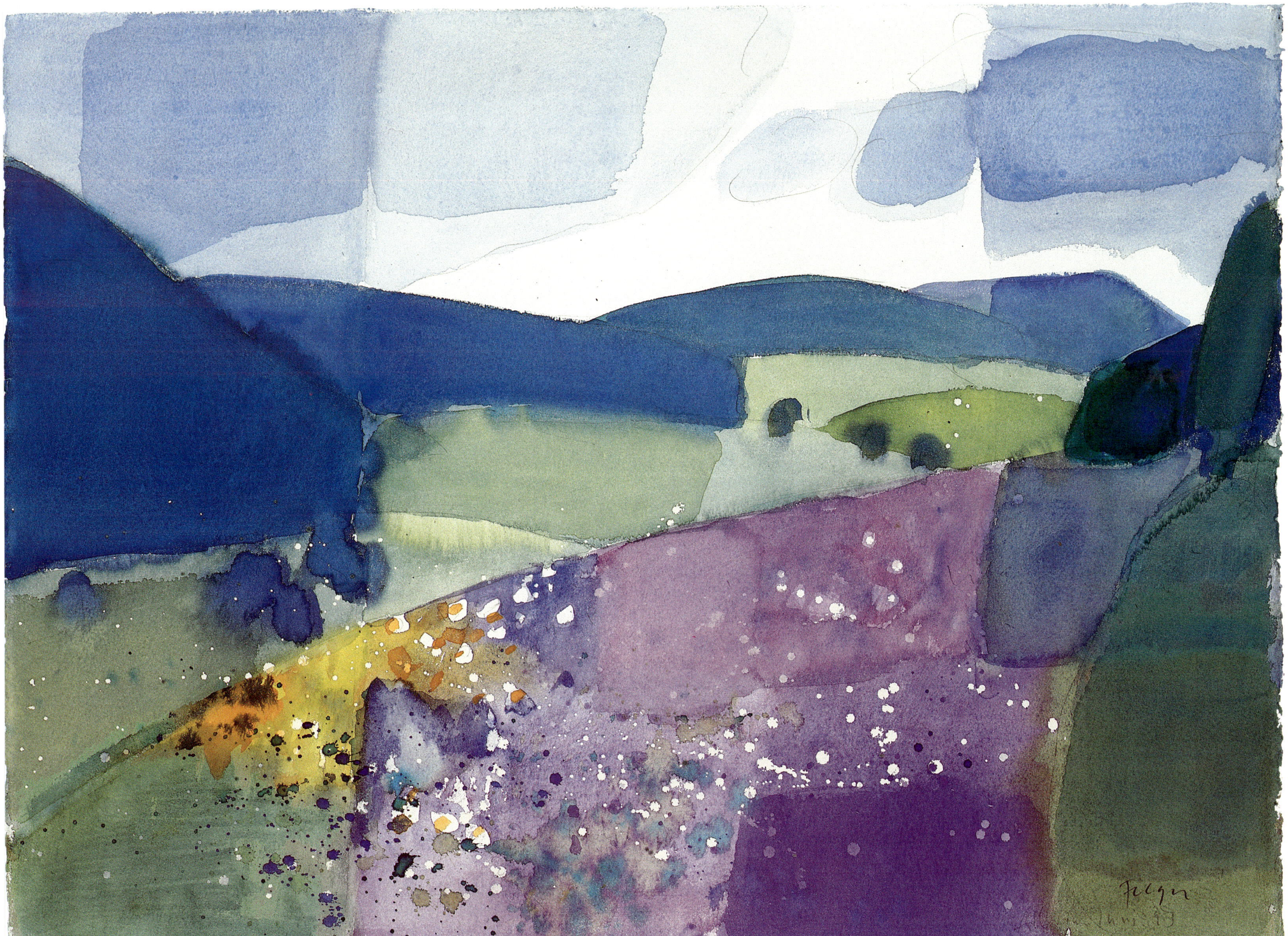

Was bedeutet es,
daß wir die äußerste Oberfläche der Erde verändern, daß wir ihre Wälder und Wiesen ordnen und aus ihrer Rinde Kohlen und Metalle holen, daß wir die Früchte der Bäume empfangen, als ob sie für uns bestimmt wären, wenn wir uns daneben einer einzigen Stunde erinnern, in welcher die Natur handelte über uns, über unser Hoffen, über unser Leben hinweg, mit jener erhabenen Hoheit und Gleichgültigkeit, von der alle ihre Gebärden erfüllt sind. Sie weiß nichts von uns. Und was die Menschen auch erreicht haben mögen, es war noch keiner so groß, daß sie teilgenommen hätte an seinem Schmerz, daß sie eingestimmt hätte in seine Freude. Manchmal begleitete sie große und ewige Stunden der Geschichte mit ihrer mächtigen brausenden Musik oder sie schien um eine Entscheidung windlos, mit angehaltenem Atem stille zu stehn oder einen Augenblick geselliger harmloser Frohheit mit flatternden Blüten, schwankenden Faltern und hüpfenden Winden zu umgeben, – aber nur um im nächsten Momente sich abzuwenden und den im Stiche zu lassen, mit dem sie eben noch alles zu teilen schien. ...

Rainer Maria Rilke

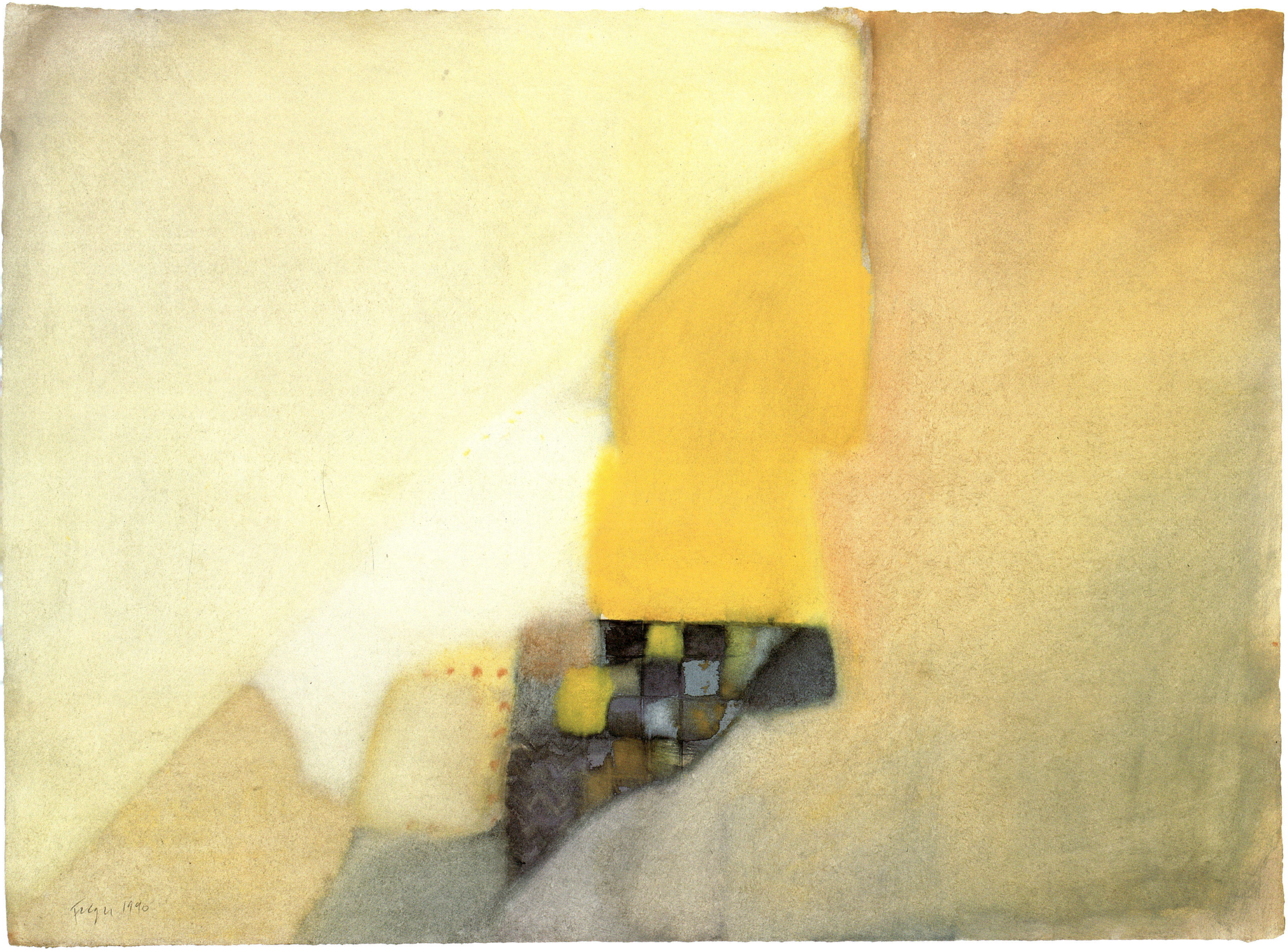

Der Sonnenwirt

Das Gewitter
hatte endlich ausgetobt,
und der Regen hörte auf.
Sie gingen zusammen weiter. Er
befand sich allerdings in einer
Gegend, die für ihn nicht sicher war,
die er sehr gut kannte. Eine kurze
Wanderung auf der sich gegen den
Talrand senkenden Anhöhe würde
ihm sein Heimattal gezeigt haben.
Er erkannte es an dem jenseitigen
Höhenzuge, von welchem der obere
bewaldete Teil zu sehen war. Er warf
einen finsteren Blick nach der Stelle,
wo unsichtbar für das Auge sein
Vaterort Ebersbach drunten lag, und
wandte sich zum Weitergehen, als er
bemerkte, daß Christine, jeder
Besorgnis Trotz bietend, auf einer
steinernen Bank Platz genommen
hatte. Ihre Augen flogen wie trunken
ins Weite. Er folgte mit seinem Blick
und sah jetzt erst den wundervollen
Anblick, der sich ihnen bot.

Der Albgebirg
in seiner ganzen Ausdehnung
stieg über die niedrigeren Höhen
empor, die sich vor ihm lagerten.
Das fliehende Gewitter
hatte seine letzten Wolken
im Westen gesammelt,
wo die Sonne unterging.
Man sah sie nicht,
aber durch die Wolken sendete sie
nach dem Gebirge ein zauberhaftes
Licht, das nach und nach die ganze
Kette heimzusuchen kam.
Im äußersten Westen begann das
Schauspiel, und Achalm und Neuffen
mit ihren Mauern und Felsen glänzten
auf. Dann lief das Licht am Gebirg
herüber und in die tiefsten
Taleinschnitte hinein, die sonst
ununterscheidbar im Ganzen
verschwammen, so daß jetzt in ihrem
Hintergrunde die fernsten Felsen wie
Diamanten blitzten und das Grün der
Wälder wie in einem warmen Rauche
leuchtete. Nach einigen Augenblicken
sank die beleuchtete Stelle in eine
graue Masse mit dem übrigen Gebirge
zurück, während der wunderbare
Strahl immer weiter wanderte, bis er
endlich im letzten Osten der Bergkette
erlosch. Nun aber spiegelte sich hinter
dem Staufen und Rechberg das
Dunstbild der unsichtbaren Leuchte,
von welcher der Zauberschein
herkam, so daß dort in einem dichten
Purpurrauche eine zweite Sonne auf-
und unterzugehen schien.
Er wußte nicht, ob er wachte oder
träumte; die Welt war ihm neu, und er
glaubte, sie, obgleich kaum eine
Stunde von seinem Geburtsorte
entfernt, zum erstenmal zu sehen. …

Hermann Kurz

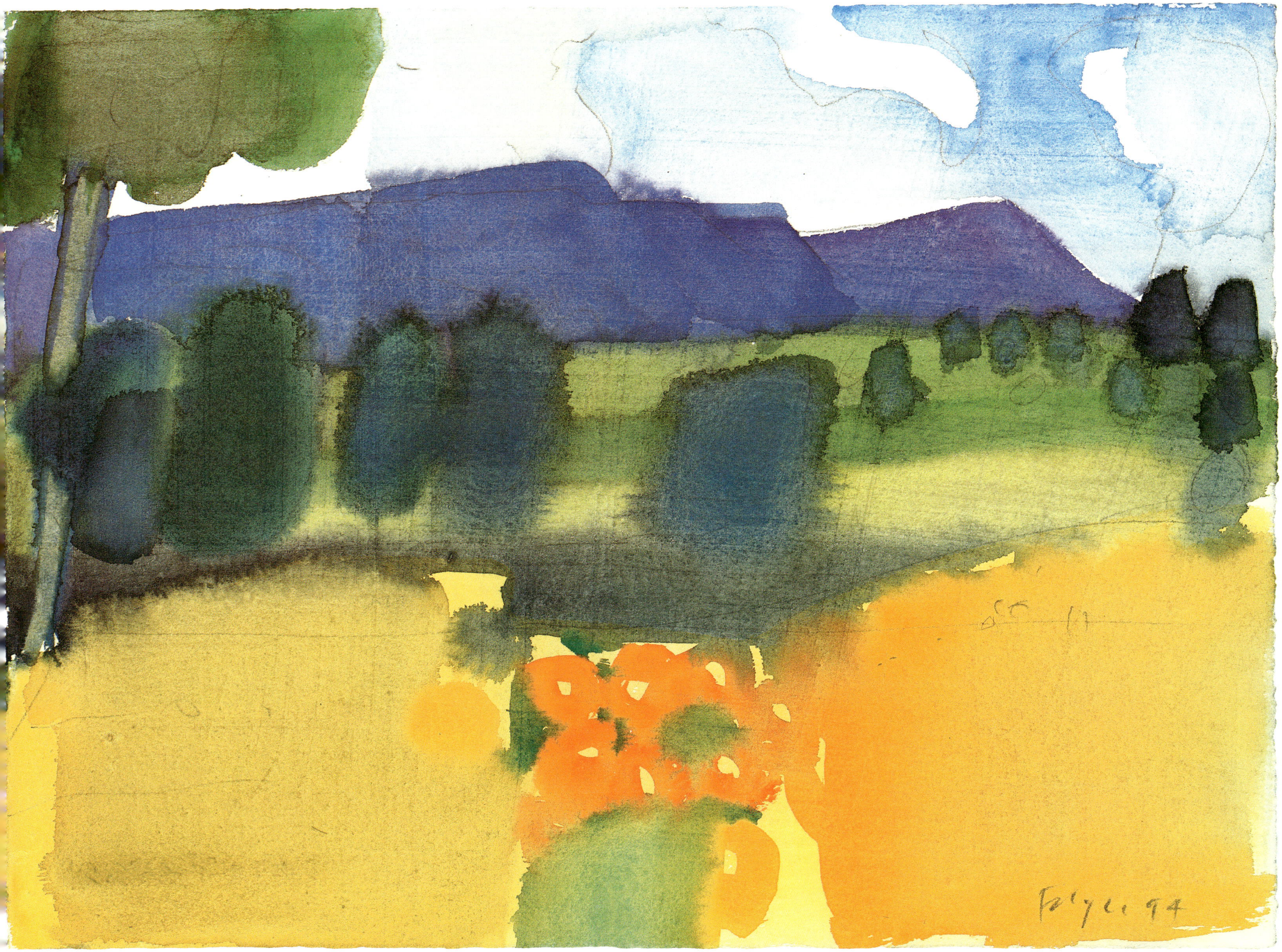

Aus einem Brief an Luise Rau

Ich habe schon ganze Nachmittage im Freien zugebracht und ganz unerhörte Schönheiten der Gegend entdeckt. Ein Plätzchen besonders ist mir schon ganz ans Herz gewachsen und lieber als Breitenstein und alles. Es heißt der spitzige Fels, und wenn der Breitenstein nördlich, so liegt der letztere südwestlich. Er kränzt, wie jener, dieselbe Albtraufe; die Aussicht allerdings um was beschränkter, aber ein reicher Vordergrund mit Bäumen, phantastisch aufgetürmten Steinmassen (was dort ganz fehlt) macht mir die Aussicht hundertmal genießbarer. Zwischen einem der Felsen sitzt man *ohne alle Gefahr,* wenn man nur erst drauf ist, wie in einem Lehnstuhl mit Moose gepolstert, und hängt die Füße gleichsam über die herrliche Galerie hinaus, daß einen die Lüfte des Himmels mit seligem Schauder berühren. – Da sieht man im Tal die Äcker und Felder, schon sauber gepflügt in niedlicher Kleinheit, braun und grün abwechselnd, liegen und drüberher zerstreut die Feldarbeiter wie Ameisen emsig zappeln und die Häuslein des Dorfs nur leicht hingewürfelt – das alles aber in den linden, goldnen Duft und in ein lispelndes Meer von Frühlingsstimmen getaucht! …

Eduard Mörike

Vielleicht muß man
über Ödflächen und verlassene
Schafweiden reiten, um die Sehnsucht
wiederzufinden, welche die Staufer
nach dem Süden gezogen hat. Jene
innere Gespanntheit, die man braucht,
um eine Landschaft zu erfahren;
das, was einen in die Ferne zieht und
gleichzeitig zum Verharren zwingt.
Ein Stück Land, in das man kein Haus
hineinbauen möchte und in dem man
doch bleiben muß, weil das Leben
nicht ausreicht, Wacholderheide und
Wiesental in sich aufzunehmen.
Wo man nie weiß,
wo eigentlich Heimat ist.

HAP Grieshaber

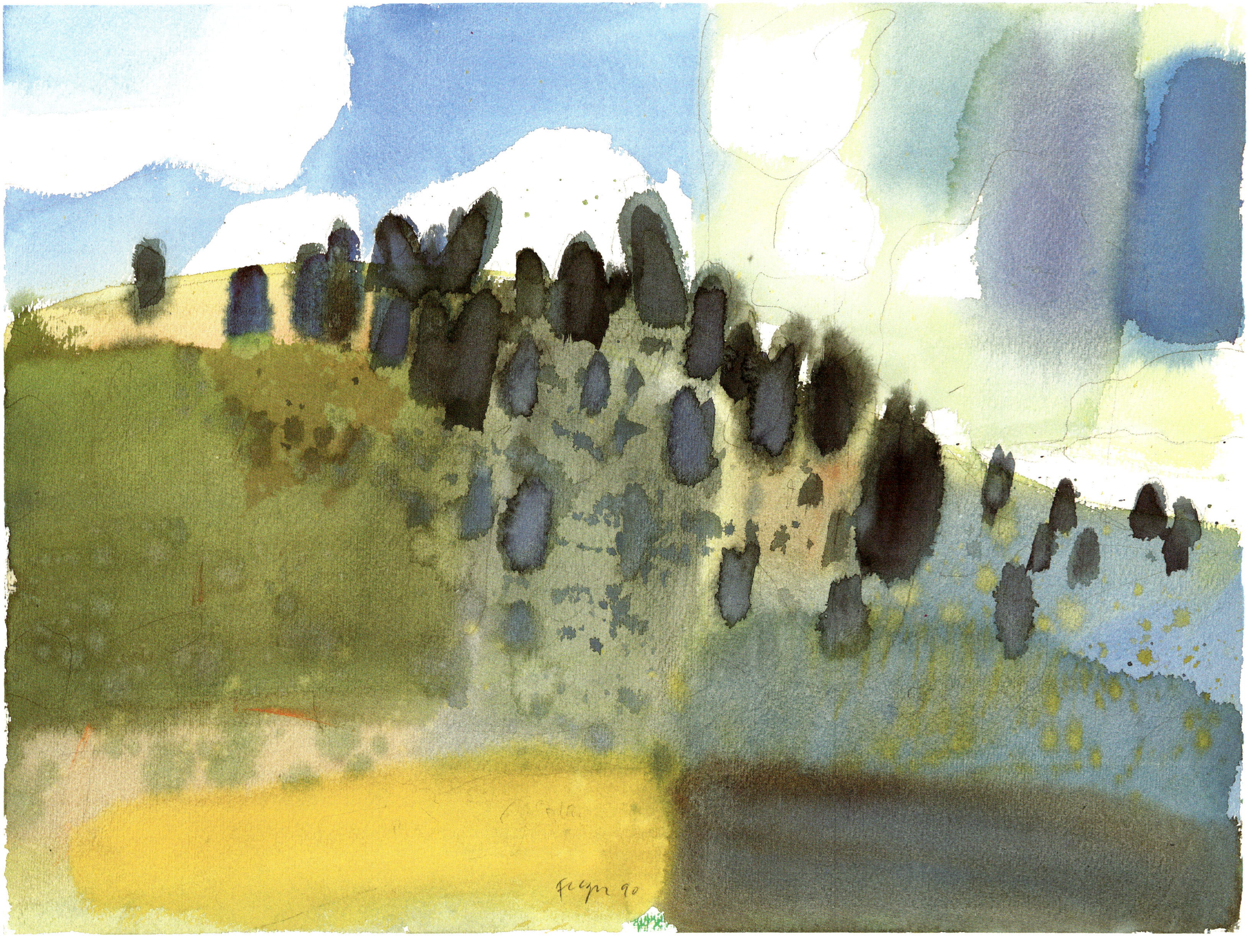

Besuch in Urach

Nur fast so wie im Traum ist mirs geschehen,
Daß ich in dies geliebte Tal verirrt.
Kein Wunder ist, was meine Augen sehen,
Doch schwankt der Boden, Luft und Staude schwirrt,
Aus tausend grünen Spiegeln scheint zu gehen
Vergangne Zeit, die lächelnd mich verwirrt;
Die Wahrheit selber wird hier zum Gedichte,
Mein eigen Bild ein fremd und hold Gesichte!

Da seid ihr alle wieder aufgerichtet,
Besonnte Felsen, alte Wolkenstühle!
Auf Wäldern schwer, wo kaum der Mittag lichtet
Und Schatten mischt mit balsamreicher Schwüle.
Kennt ihr mich noch, der sonst hieher geflüchtet,
Im Moose, bei süß-schläferndem Gefühle,
Der Mücke Sumsen hier ein Ohr geliehen,
Ach, kennt ihr mich, und wollt nicht vor mir fliehen?

Hier wird ein Strauch, ein jeder Halm zur Schlinge,
Die mich in liebliche Betrachtung fängt;
Kein Mäuerchen, kein Holz ist so geringe,
Daß nicht mein Blick voll Wehmut an ihm hängt:
Ein jedes spricht mir halbvergeßne Dinge;
Ich fühle, wie von Schmerz und Lust gedrängt
Die Träne stockt, indes ich ohne Weile,
Unschlüssig, satt und durstig, weiter eile.

Eduard Mörike

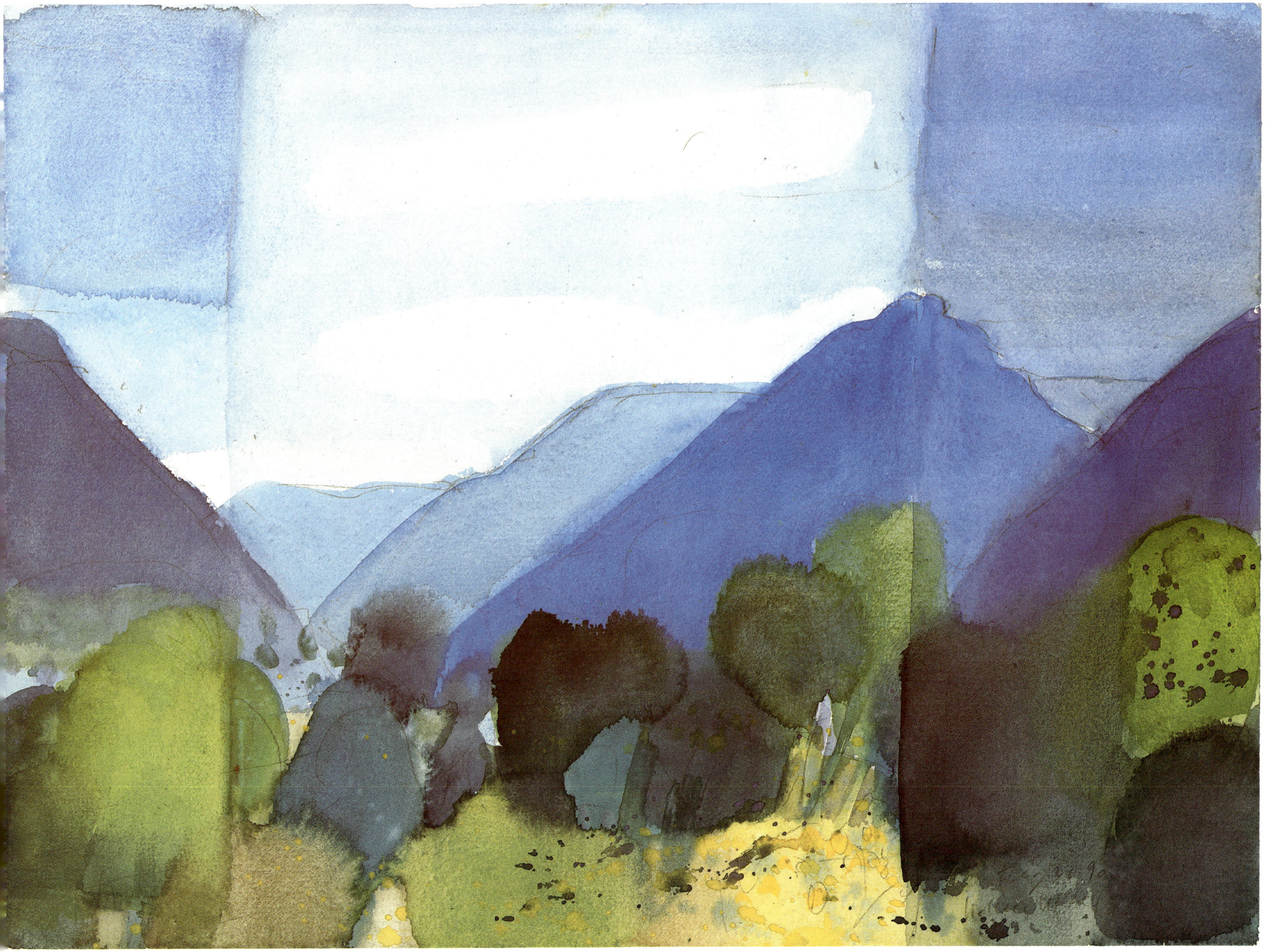

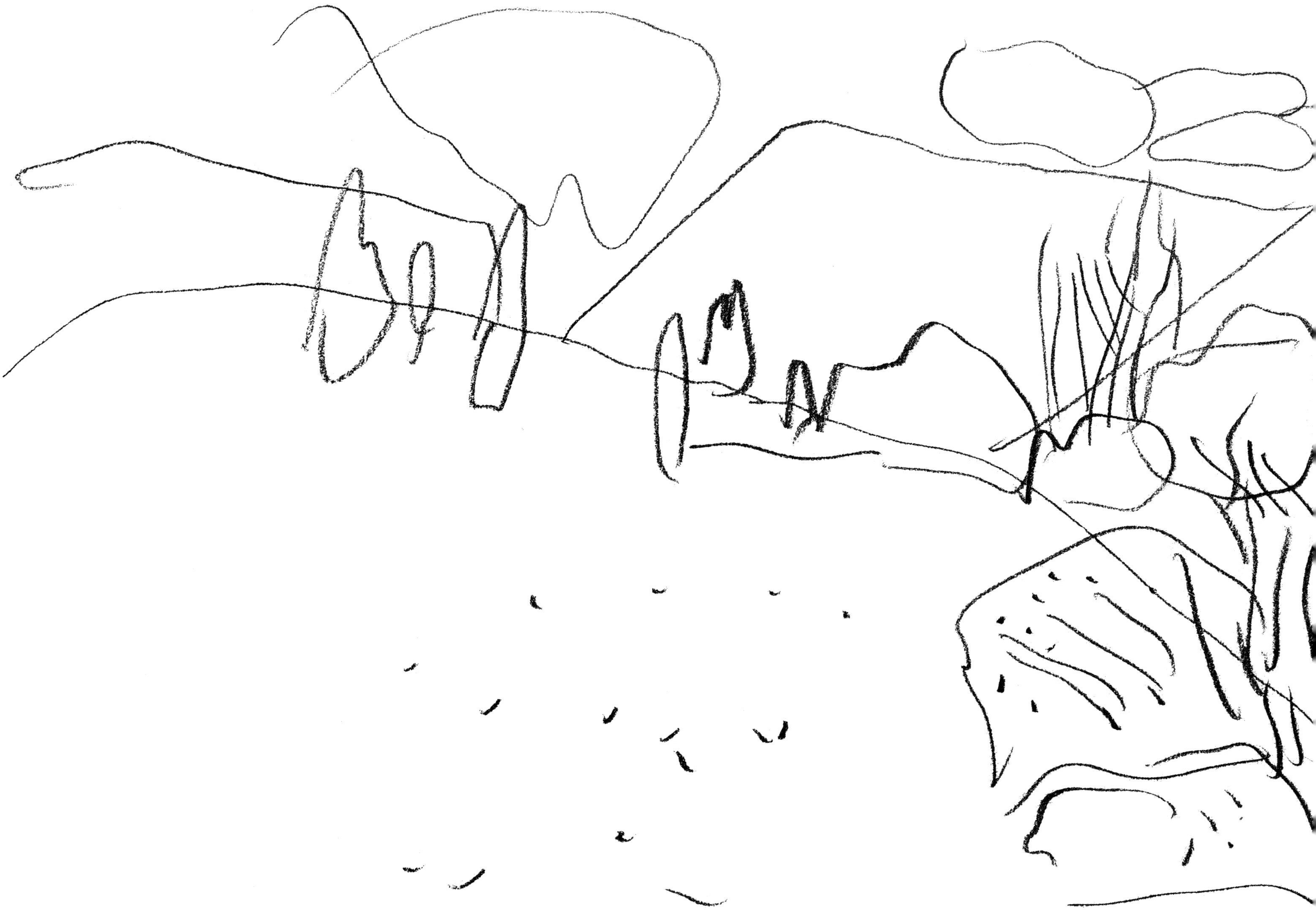

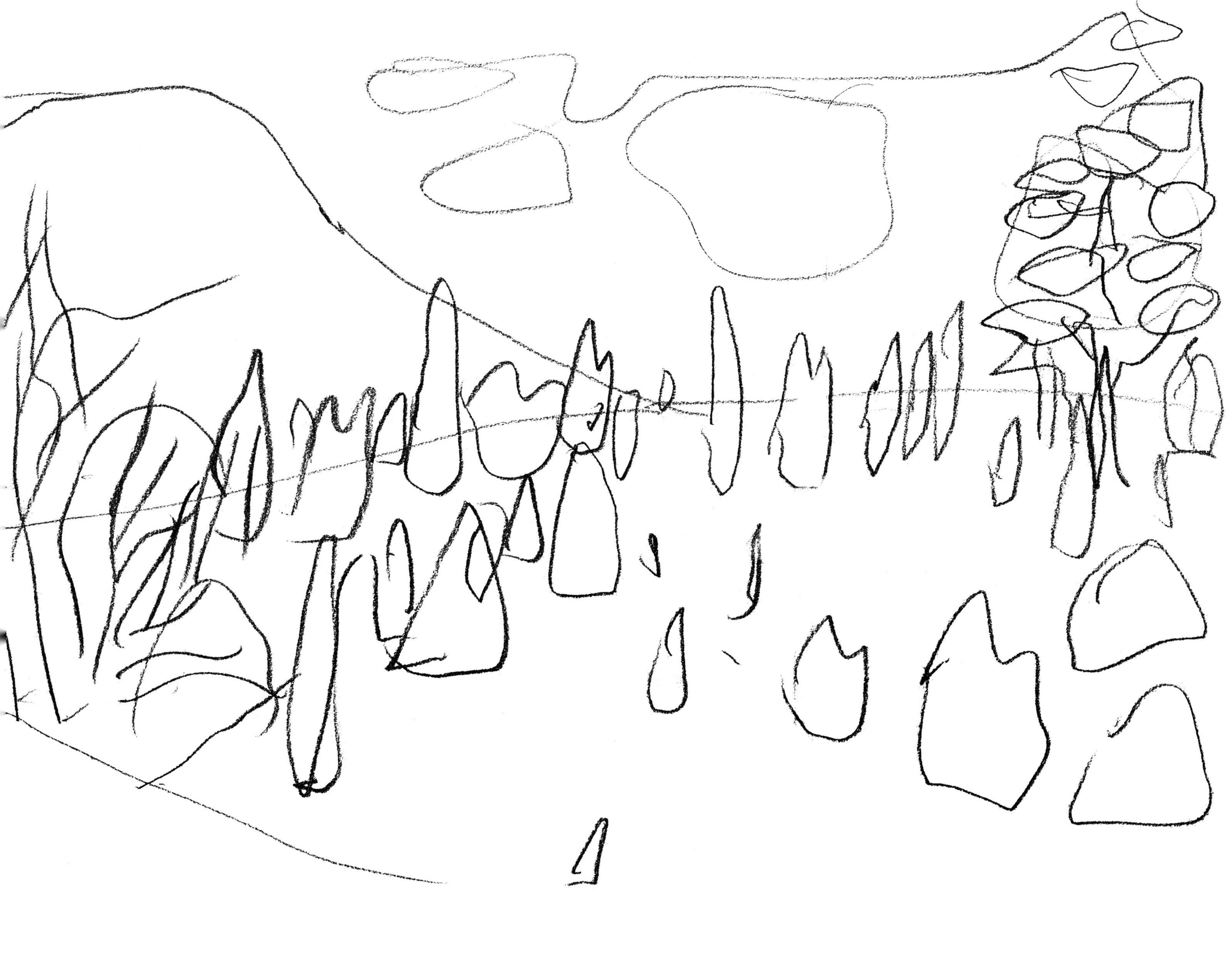

Der Blütenzweig

Immer hin und wider
Strebt der Blütenzweig im Winde,
Immer auf und nieder
Strebt mein Herz gleich einem Kinde
Zwischen hellen, dunkeln Tagen,
Zwischen Wollen und Entsagen.

Bis die Blüten sind verweht
Und der Zweig in Früchten steht,
Bis das Herz, der Kindheit satt,
Seine Ruhe hat
Und bekennt: voll Lust und nicht vergebens
War das unruhvolle Spiel des Lebens.

Hermann Hesse

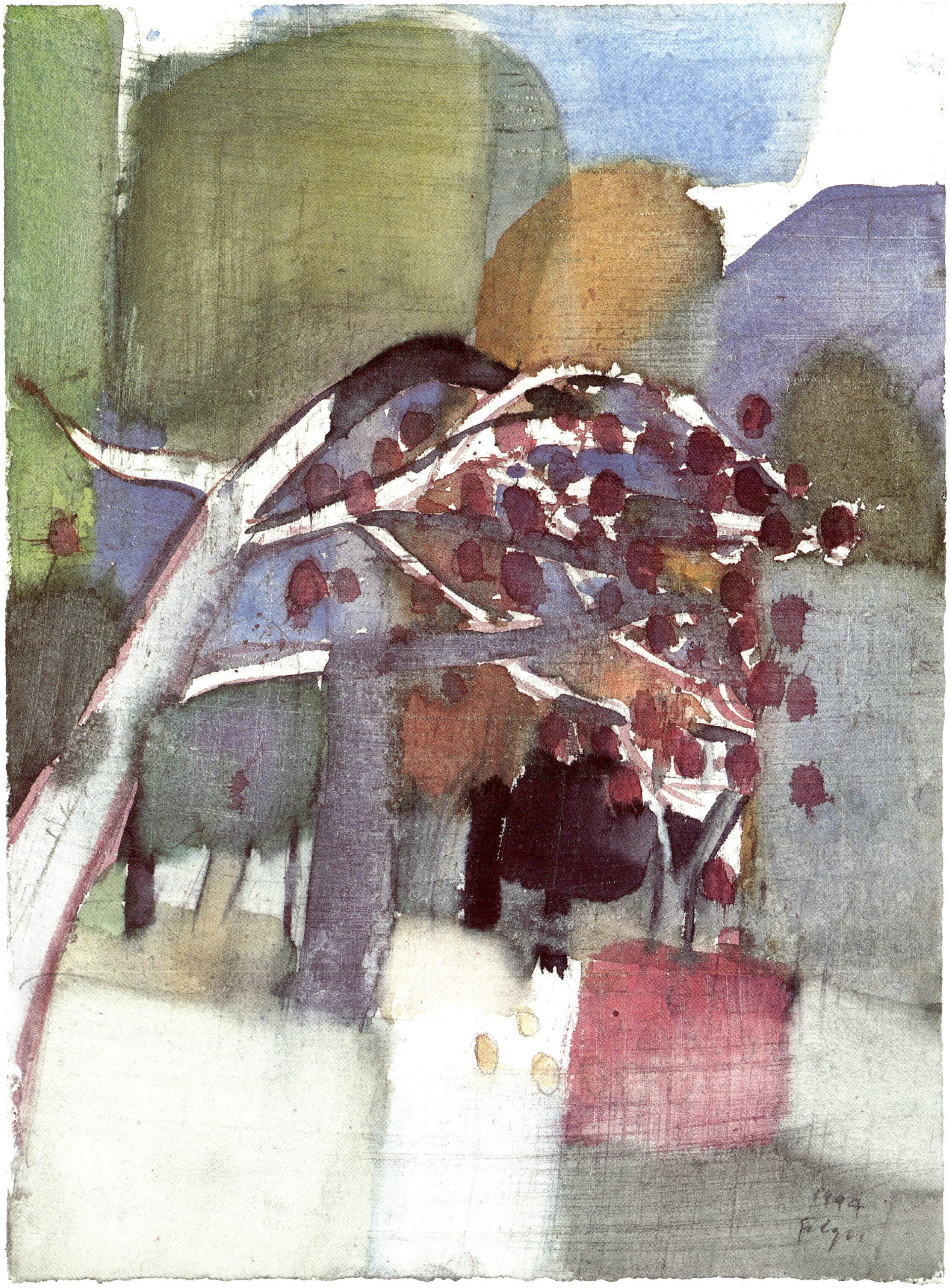

Die Teck

Ach! so hab' ich noch die Traubenhügel erstiegen
Ehe der leuchtende Strahl an der güldenen Ferne hinabsinkt.
Und wie wohl ist mir! Ich streck im stolzen Gefühle –
Als umschlänge mein Arm das Unendliche – auf zu den Wolken
Meine gefalteten Hände, zu danken im edlen Gefühle
Da er ein Herz mir gab, dem Schaffer der edlen Gefühle.
Mich mit den Frohen zu freuen, zu schauen den herbstlichen Jubel,
Wie sie die köstliche Traube mit heiterstaunendem Blicke
Über sich halten, und lange noch zaudern, die glänzende Beere
In des Kelterers Hände zu geben – wie der gerührte
Silberlockigte Greis an der abgeernteten Rebe
Königlich froh zum herbstlichen Mahle sich setzt mit den Kleinen
O! und zu ihnen spricht aus der Fülle des dankenden Herzens:
Kinder! am Segen des Herrn ist alles, alles gelegen –
Mich mit den Frohen zu freuen, zu schauen den herbstlichen Jubel
War ich herauf von den Hütten der gastlichen Freundschaft gegangen.
Aber siehe! allmächtig reißen mich hin in ernste Bewundrung
Gegenüber die waldigte Riesengebirge. – Laß mich vergessen,
Laß mich deine Lust, du falbigte Rebe, vergessen,
Daß ich mit voller Seele sie schaue die Riesengebirge! ...

O mein Tal! mein Teckbenachbartes Tal! – ich verlasse
Mein Gebirge, zu schauen im Tale die Hütten der Freundschaft.
Wie sie von Linden umkränzt bescheiden die rauchenden Dächer
Aus den Fluren erheben, die Hütten der biederen Freundschaft.
O ihr, die ihr fern und nahe mich liebet, Geliebte!
Wärt ihr um mich, ich drückte so warm euch die Hände, Geliebte!
Jetzt, o! jetzt über all den Lieblichkeiten des Abends.
Schellend kehren zurück von schattigten Triften die Herden,
Und fürs dritte Gras der Wiesen, im Herbste noch fruchtbar,
Schneidend geklopfet ertönt des Mähers blinkende Sense. ...

Friedrich Hölderlin

In diesem Dorfe steht das letzte Haus
so einsam wie das letzte Haus der Welt.

Die Straße, die das kleine Dorf nicht hält,
geht langsam weiter in die Nacht hinaus.

Das kleine Dorf ist nur ein Übergang
zwischen zwei Weiten, ahnungsvoll und bang,
ein Weg an Häusern hin statt eines Stegs.

Und die das Dorf verlassen, wandern lang,
und viele sterben vielleicht unterwegs.

Rainer Maria Rilke

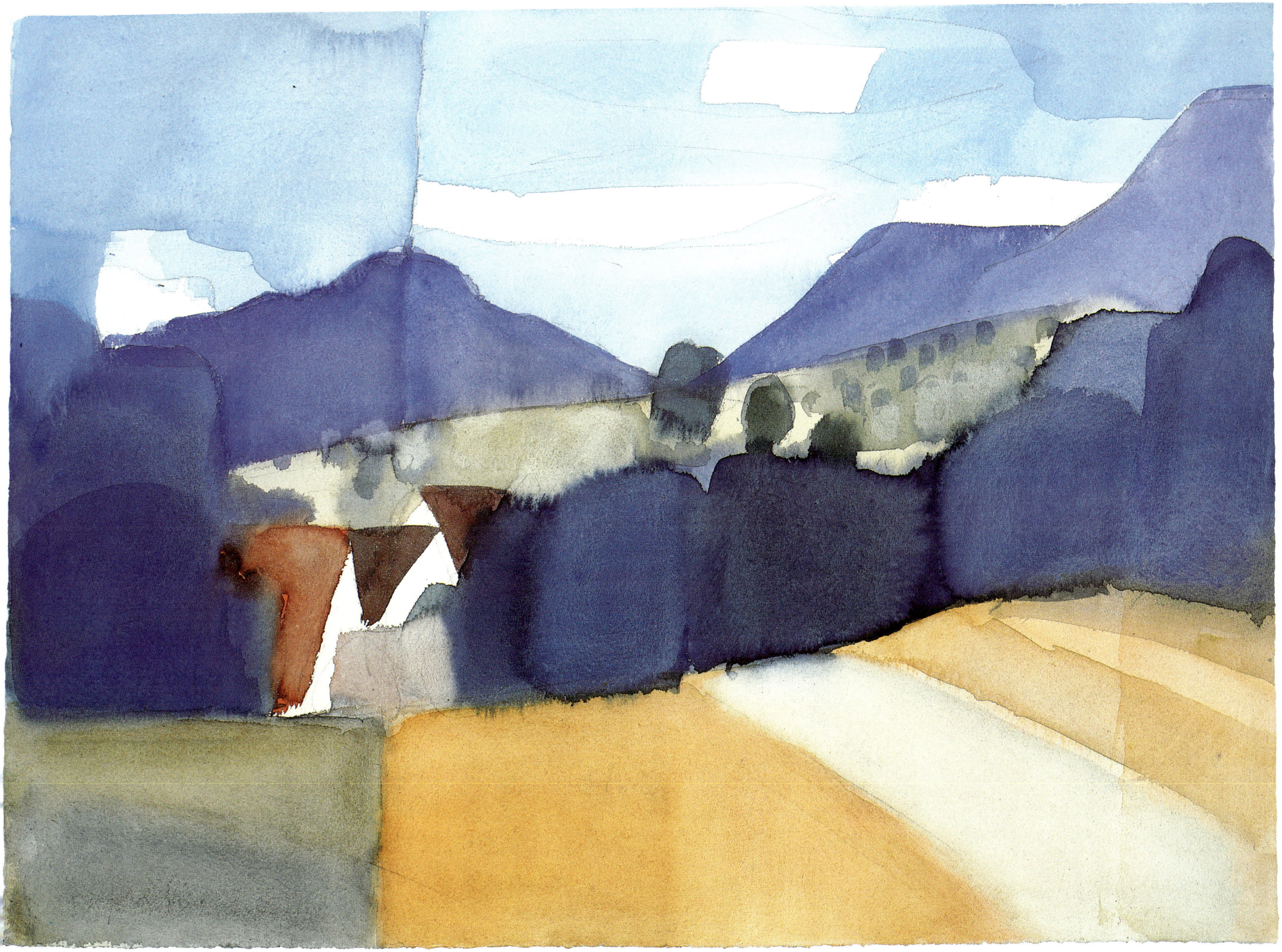

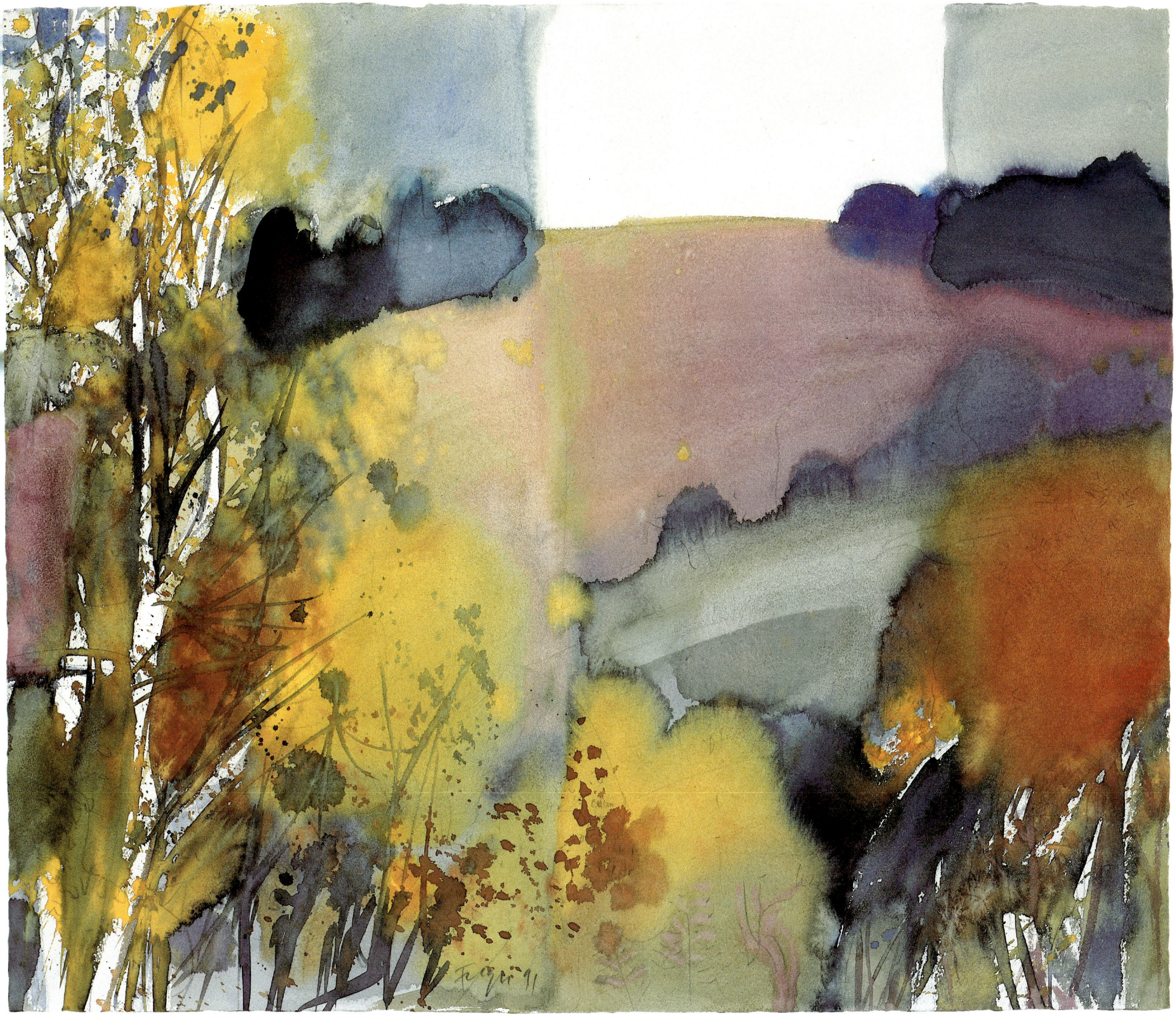

Die versteinerte Woge

Sichtbar ist sie nicht. Aber ich spüre sie. Sie blieb über all die Jahre, die ich selten in dieser Gegend war, in meinem Gedächtnis: eine Schwelle, ein erhöhter Haltepunkt, von dem aus der Blick hinunter ins Tal geht, der im Sturz noch den hochgewölbten Kinderhimmel mitreißt, die klobigen Mauern des Hohenneuffen und den Schwalbenschwarm überm Beurener Fels. Trete ich über die Schwelle weg, diesen angehaltenen Atemzug einer großen, die Gegensätze ausspielenden Landschaft, dann schaue ich ins Neuffener Tal, auf die kurvenreiche Straße, auf der ich zu Fuß oder mit dem Fahrrad unterwegs war, oder die ich mit der Tälesbahn begleitete, von Nürtingen über Frickenhausen, Linsenhofen nach Neuffen, und mein Blick kehrt sich auch schon wieder um, wird hochgerissen, klammert sich fest an den bizarren Felswänden über Beuren, verfängt sich in der rostbraunen Schraffur der Wälder.
Dreizehn Jahre, von 1946 bis 1959, lebte ich am Rande des Albtraufs, in Nürtingen, ging dort zur Schule und lernte an der Zeitung.
Dieser hochgebaute, oft in Bläue aufgehende Horizont war einfach da. Wahrscheinlich nahm ich ihn gar nicht mehr bewußt wahr. Im nachhinein jedoch kann ich den Widerstand dieser zu Stein erstarrten Woge von neuem empfinden. Sie forderte heraus. Sie war eine Grenze, wogegen oder für was auch immer.

Ich gehe mit dem, der ich war, dem Halbwüchsigen, dem Dreizehnjährigen, auf sie zu.
Der Junge ist nicht allein. Er wird von seiner Tante begleitet, die ihn nach dem Tod der Eltern mit der Schwester aufgenommen hat. Sie sind erschöpft von einem endlosen Streit, der mit keinem Vorwurf, keinem Schuldspruch sparte. Für den Buben sollte es, so wenigstens hatte es sich seine Begleiterin vorgenommen, eine Fahrt ohne Rückkehr werden.
Sie saßen sich gegenüber in dem alten, holpernden Waggon der Tälesbahn, sahen schweigend aus dem Fenster. Ich kann sehen, was er sah. Es war Sommer, das Gras auf den Wiesen stand beinahe so hoch wie Getreide. Manche Bäume waren rot von Kirschen. Vielleicht hat er sich gesagt: Es ist mir egal, wohin ich fahre. Ich denke einfach an nichts, oder ich stelle mir vor, es geht nicht nach Erkenbrechtsweiler, sondern ins Schwimmbad.

In dem Bus, der sich dann mit heftig klopfendem Motor die Neuffener Steig hinaufquält, sind sie, neben zwei Frauen, die einzigen Fahrgäste.
Er könnte schreien. Er könnte den Fahrer zwingen anzuhalten und im steil abfallenden Wald verschwinden.
Der Bus hält, nachdem er, gleichsam leichter geworden, über die Schwelle fuhr, auf der Hochebene. Sie steigen aus. Nach Erkenbrechtsweiler müssen sie noch ein Stück zu Fuß gehen.
Mit jedem Schritt wehrt er sich.
Er will nicht dorthin. Großmutter und Tante hatten genug von seiner Widersetzlichkeit, und nach Konsultationen des Jugendamtes hielten sie ihn für schwer erziehbar.
Die beiden Wörter wurden zu einem oft benutzten, demütigenden Etikett.
Niemand
komme auf die Dauer
mit ihm aus.

Wenn sie so von ihm dächten,
sollten sie ihn doch abgeben,
in ein Heim stecken. Er hätte nichts
dagegen. Aber als sie sich dann dazu
entschlossen, als ein Platz in einem
Heim in Erkenbrechtsweiler gefunden
war, war er nahe daran,
klein beizugeben, wenigstens um
Aufschub zu bitten. Es fiel ihm schwer,
weiter zu schweigen. Auch jetzt, auf
dem Weg nach Erkenbrechtsweiler.
Die Angst öffnete sein Auge. Er hätte
sich am liebsten in der Landschaft
aufgelöst, als ein Grasstück, ein
Strauch, ein Baum, als die Ahnung,
daß er nach einem Anlauf vom Rand
des Felsens abheben könnte wie ein
Vogel, den er dort drüben, schon über
der Taltiefe, kreisen sieht.
Nun könnte er sogar betteln,
flehen.
Er trottet neben der Tante her
und will, nachdem die erhitzten
schönen Bilder nicht halfen, nichts
mehr sehen. Er zieht sich in sich
zurück: So sollen die ihn dort
kennenlernen. Er wird sich einfach
nicht zu erkennen geben.

In seinem Kopf rennen viele sinnlose
Sätze durcheinander. Sie suchen nach
Auswegen, nach Ausreden,
nach Wundern. Als die Tante vor
einem weiß gestrichenen Gartentor
anhält, hört er die hastenden Stimmen
nicht mehr. Es kommt ihm vor,
als werde er so bleiern schwer,
daß der Weg unter ihm einsinkt.
Aber er sagt:
Warum klingelst du denn nicht?
Seine Stimme überschlägt sich.
Die Tante nickt
und starrt auf einen Punkt hinter dem
Zaun. Ihre Unschlüssigkeit hilft ihm.
Leise fragt sie: Wenn wir umkehren,
wenn wir nicht klingeln, versprichst du
dann, nicht mehr so widerspenstig zu
sein? Zwischen Haus und Zaun dehnt
sich ein bunter, gepflegter Garten.
Er sieht nicht so aus, als ob man
herumtoben, spielen dürfte.
Ja. Er hätte alles versprochen.

Ein Jahr darauf kommt er mit einem
Freund von einer Radwanderung
oben an der Steig an; müd, nach einer
nachtlangen Fahrt. Kurz beraten sie,
ob sie rasten sollten. Es drängt sie
nach Hause. Außerdem freuen sie sich
auf die kurvenreiche Abfahrt.
Laß es laufen,
sagt der andere.
Aber paß auch auf,
sagt der andere.
Der mächtige Atemstoß in seinem
Rücken setzt ihn in Fahrt. Er könnte
fliegen. Einen Moment lang schließt er
die Augen und gibt der
Schwerelosigkeit nach. In einer
Haarnadelkurve, durch die sie laut
singend rasen – nach meiner
Erinnerung überholte uns die ganze
Zeit kein Auto, und es kam uns auch
keines entgegen, so spärlich war
damals, 1950, noch der Verkehr –,
in einer Haarnadelkurve knirscht es
plötzlich im Hinterrad, und der
Rücktritt setzt aus, faßt nicht mehr.
Erschreckt reißt er die Hände hoch.
Spinnst du,
schreit der Freund.

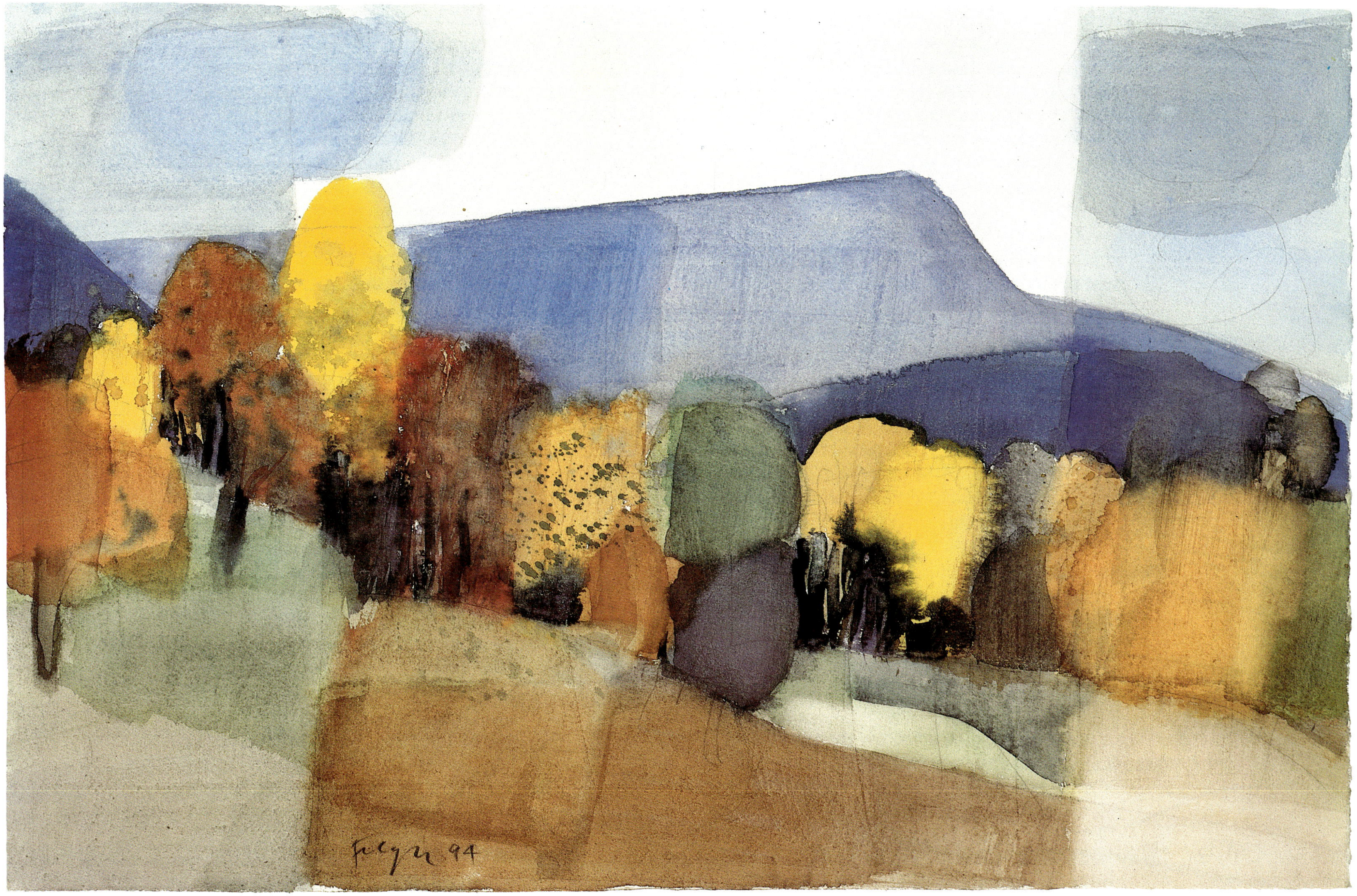

Oktober

Dunkel, ganz dunkelblau
Die Berge stehen,
Dunkel, ganz dunkelgrau
Die Wolken wehen.
Im Wind, dem kühlen, gütig stillen,
Zirpen des Jahres letzte Grillen.

Wie es im Herzen loht,
Dem frühlingszarten,
Wenn rot, ganz purpurrot
Im Bauerngarten
Die späten Blumen sich entzünden
Und Herbst und Tod und Winter künden!

Sei still mein Herz, sei still:
Neu aufgebrochen
Die Erde ist und will
Schon unterjochen
Mit junger Saaten neuem Grünen
Des nahen Winters Herrschermienen.

Hugo Geißler

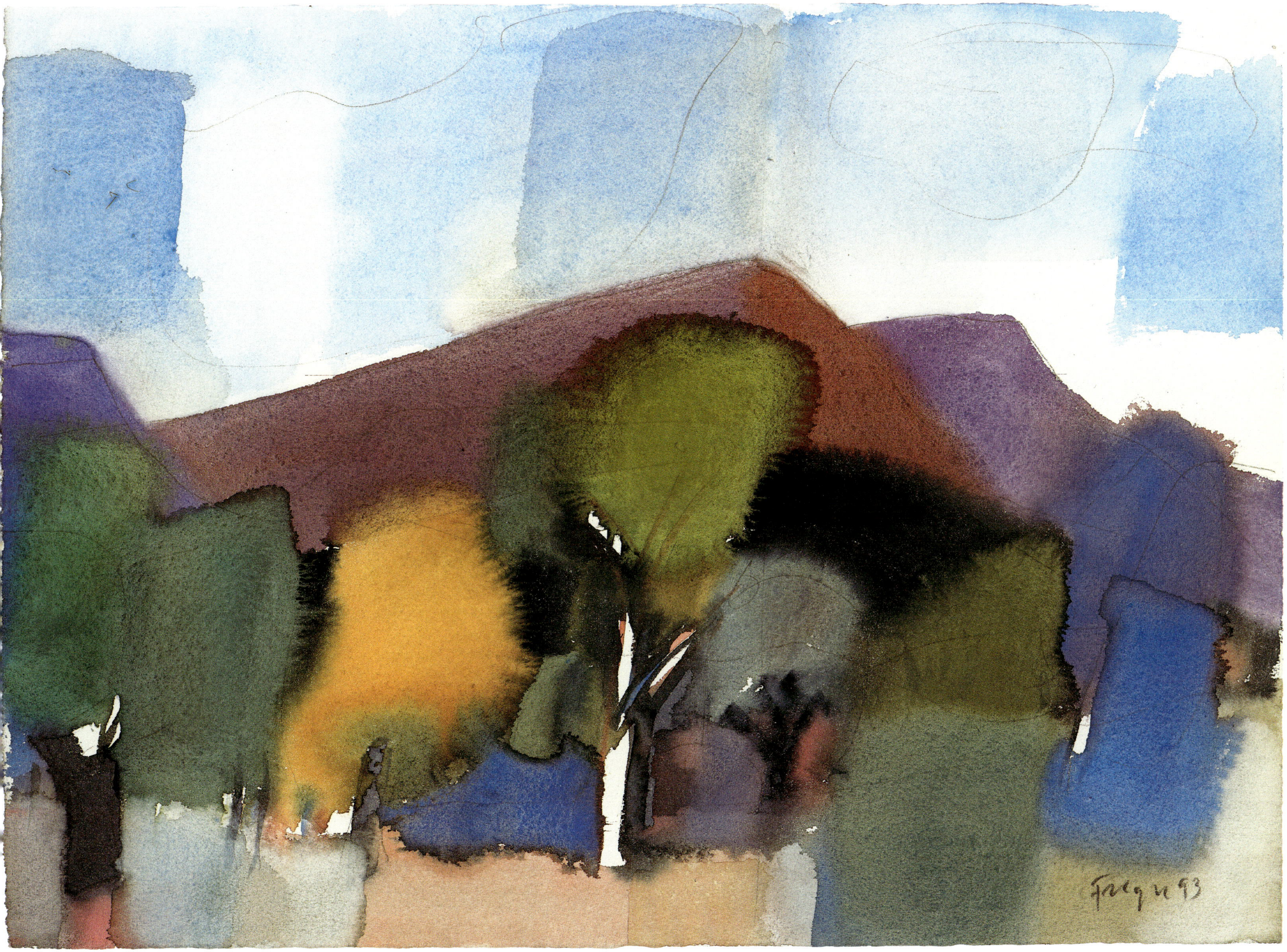

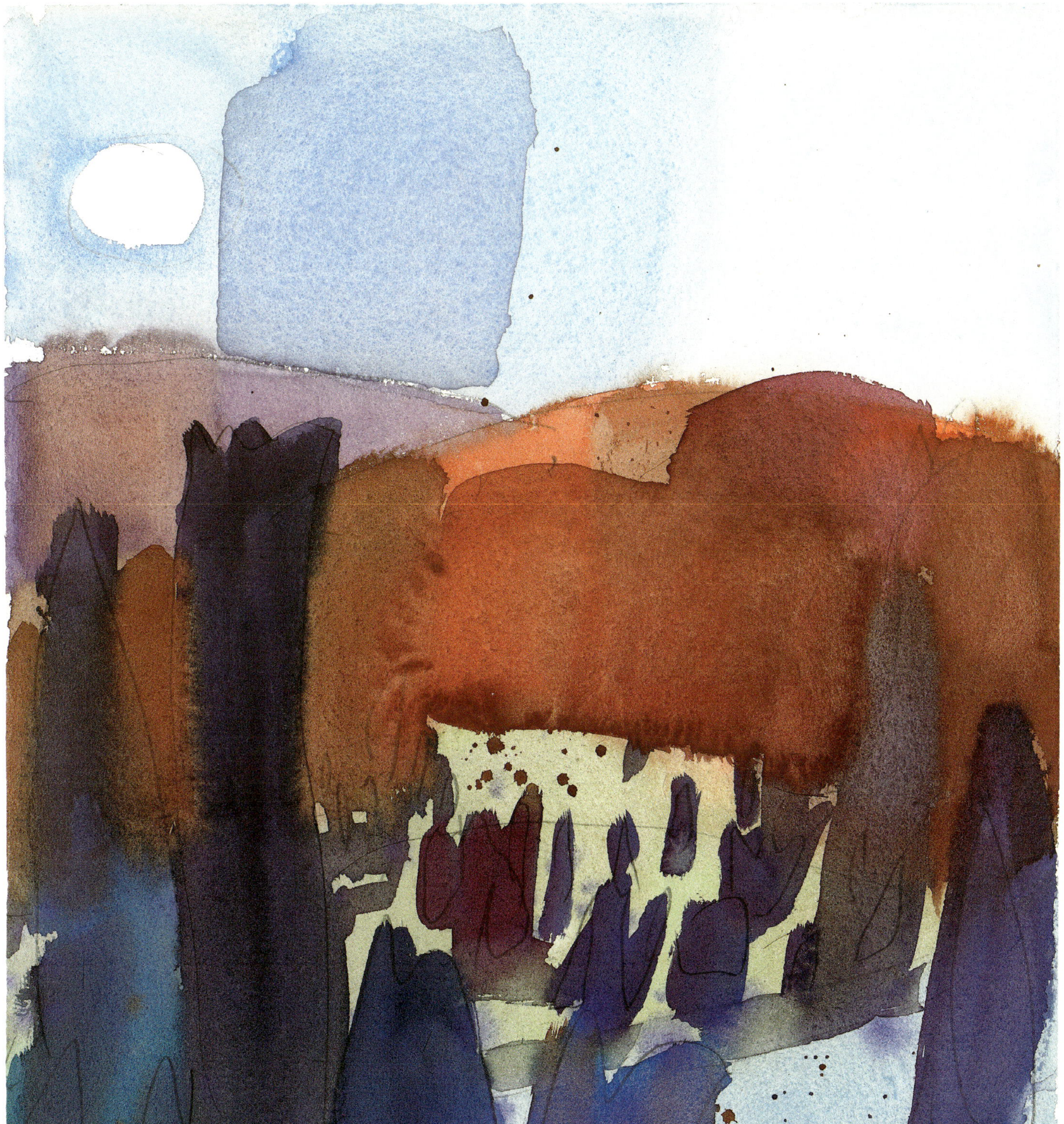

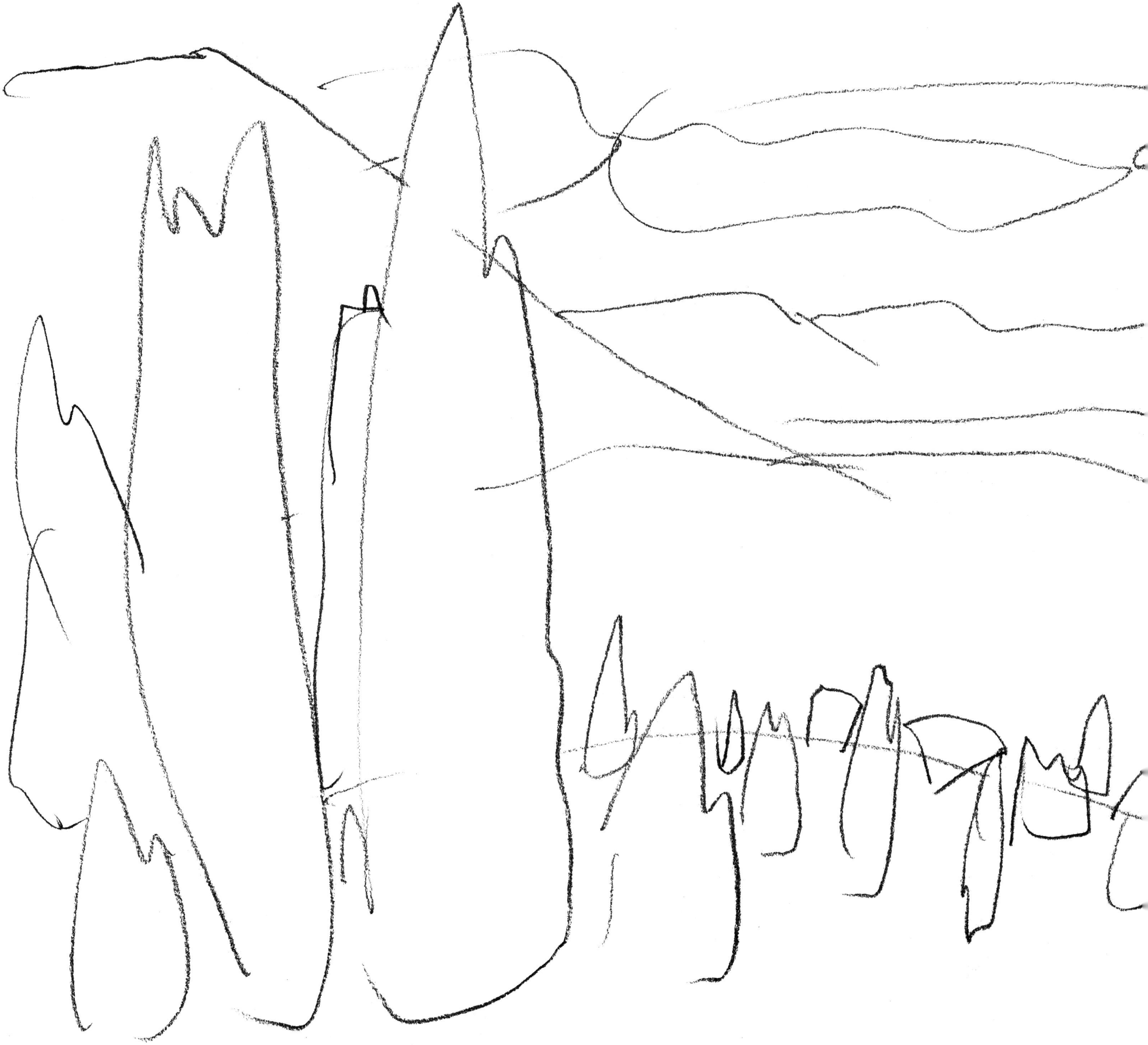

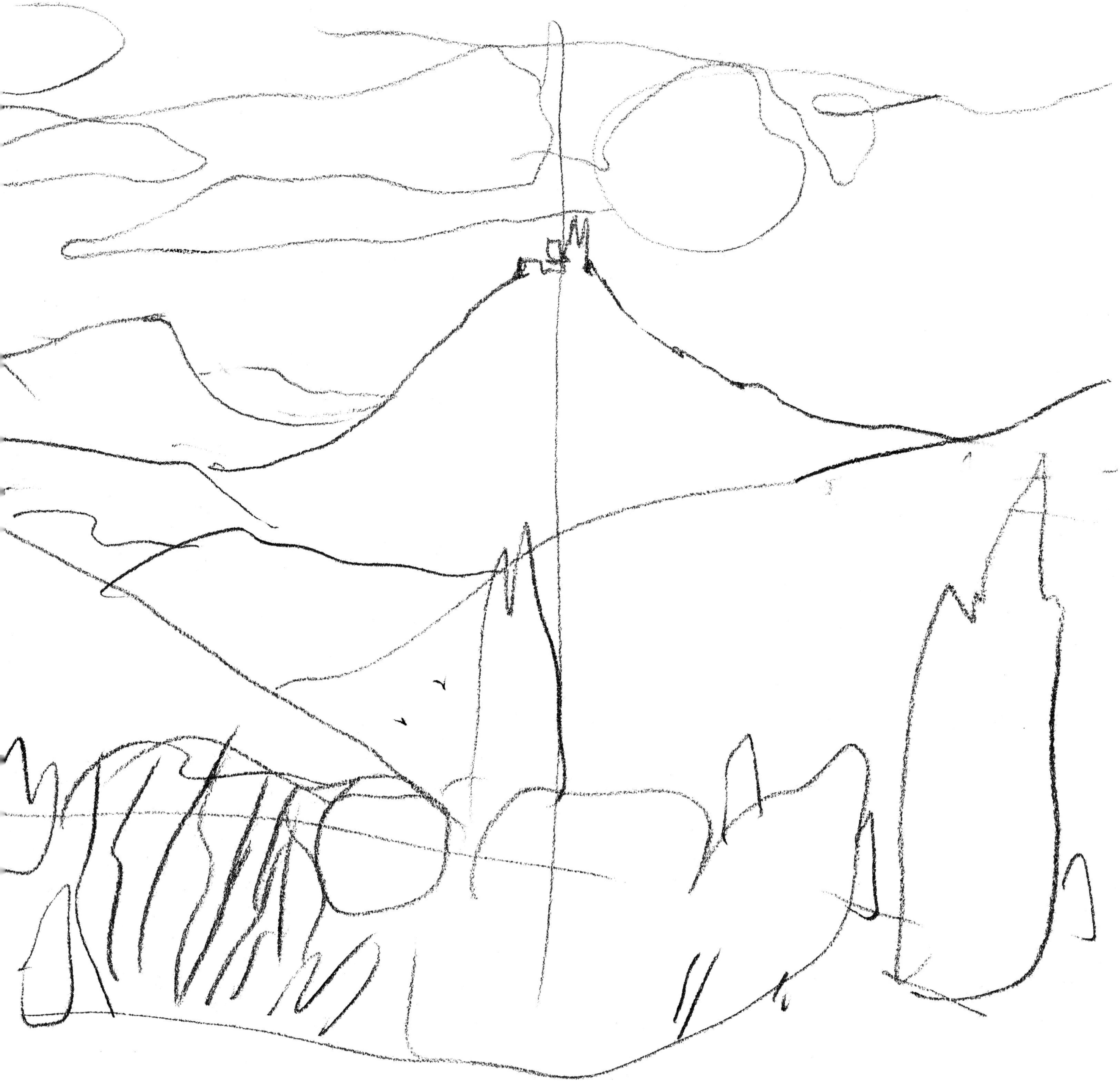

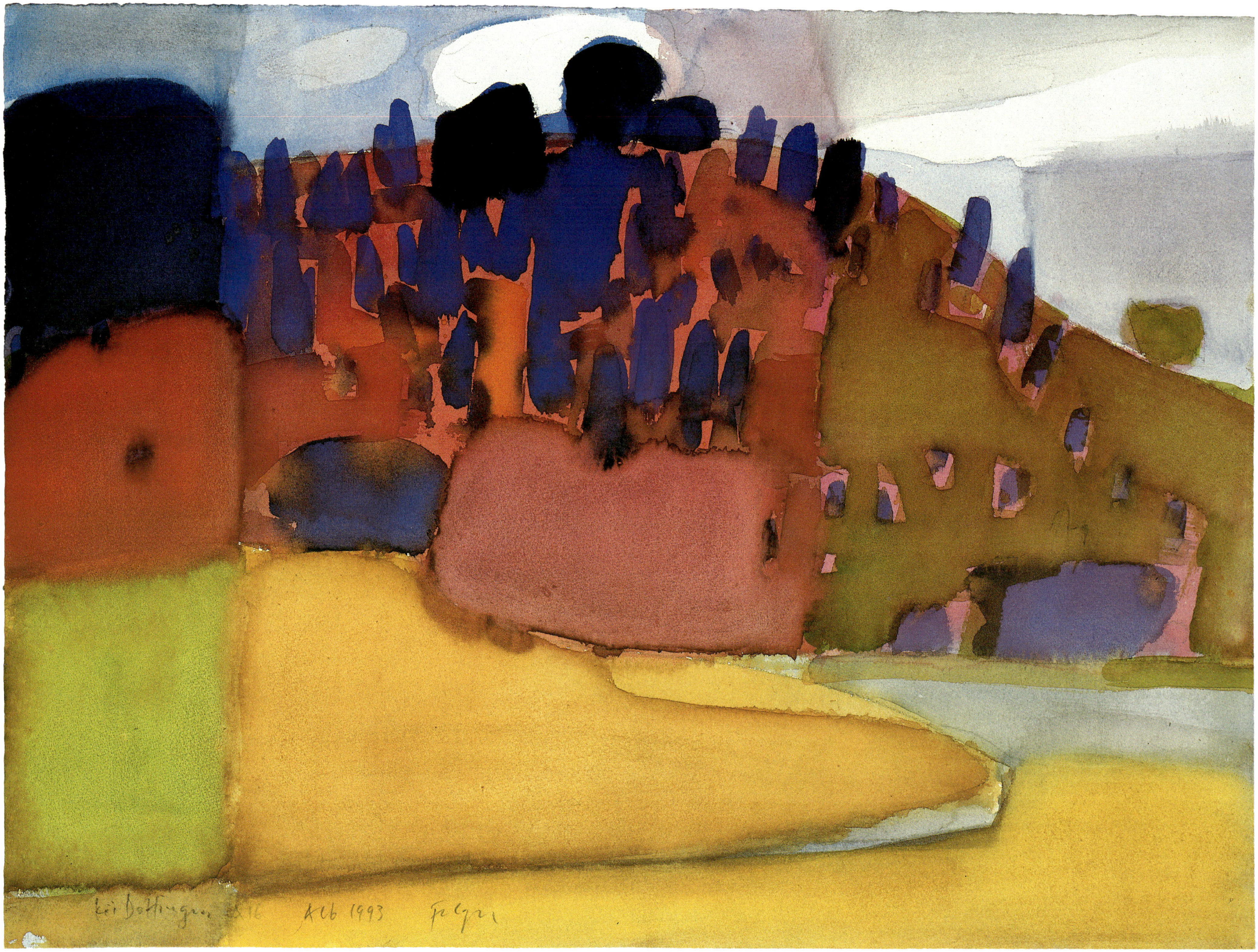
bei Dottingen
Alb 1993

Abend auf der Alb

Wacholdersträucher werfen
eine späte Schattenstunde

in den Rissen der Hänge
erwarten Blumen die Kälte

Bachmäander
versteinert

das Stakkato der Büsche
verebbt zum fernen Trauermarsch

erstes Schwarz in den
roten Ziegeln der Scheune

ein Traktor zieht
letzte Bahn

Oliver Kohler

Die Schwäbische Alb, ein versteinertes Meer

Durch den Körper des schwäbischen Landes zieht sich als ein festes Rückgrat der Steinriegel der Schwäbischen Alb.
Die Wogen des Jurameeres sind hier erstarrt; noch stehen die Korallenriffe als Felsentürme an den Ufern. Wie eine Mauer baut sich die Alb über dem Neckar und seinen Seitentälern auf; auf ihren Bergfesten saßen einst die stolzen Herrengeschlechter: der Neuffen, der Rechberg, der Reußenstein, Hohenurach und Achalm, der Zollern und der Wildenstein tragen noch die alten Schlösser; um den kahlen Gipfel des Staufen webt die große geschichtliche Erinnerung.
Hat man die Höhen erstiegen, so tut sich vor den Augen das Wunder eines ruhigen weiten Hochlandes auf. Die Hochalb ist eine wellige Fläche mit Burren und Felsennestern, Buchenwälder wechseln mit Weiden und Feldern, in die Mulden geschmiegt liegen die Dörfer, weiße Straßen durchziehen die Landschaft, auf den Hügeln stehen die Weidbuchen und die sturmzerzausten Linden.

Ein seltsames Wesen ist die Alb; Ruhe geht aus von Wald und Weide, eine stille Heiterkeit erfüllt das Land, über das der Himmel wie eine kristallene Glocke gestellt ist.
Und wenn der Tag hinabsinkt, wenn das Abendrot die Wolken färbt, so ist es, als schaue man die Herrlichkeit Gottes, als könne man hier in den Himmel hineinmarschieren auf einem kleinen Abendspaziergang.
So ist es kein Wunder, daß die Schwäbische Alb das Wanderland und die Zuflucht der geplagten Städter geworden ist.
Freilich, Steine hat es mehr auf der Alb als korntragenden Ackerboden. Man sagt hier nicht ackern oder pflügen, man sagt den Pflug heben, denn das Pflugeisen läuft oft auf dem Felsen.
So hat es auch mehr Steine auf der Alb als Wasser. Der Regen fällt durch den Felsen wie durch ein Sieb hindurch und bricht unten in starken Quellen hervor, so in der Echazquelle und in der Lauterquelle, im Blautopf, im Aachtopf und im Brenztopf.
Weil die Brunnen fehlten, haben die Bauern darum früher das Regenwasser vom Dachtrauf in Hülen gesammelt, nicht nur für eine Feuersbrunst, sondern auch zum Tränken des Viehes und zum Waschen. In Trockenzeiten aber mußten viele Orte das Wasser in Fässern vom Tale heraufführen: Es gab auf der Alb Dörfer, wo die Gemeinde der Pfarrfrau, wenn im Pfarrhaus ein Kindlein geboren wurde, ein Faß Wasser schenkte.
Darum galt die Alb als ein armes Land. Aber seit in jedes Dorf köstliches Quellwasser aus den Tälern geleitet wird, ist es gut geworden, gut die Gesundheit und besser mit dem Wohlstand.

Die rauhe Alb heißt das Kernstück um Münsingen und Hayingen herum.
Es hat einer darüber geschrieben, hier sei einer der traurigsten Landstriche Europas. Der Mann war nie auf der Alb, und der, von dem er diesen Satz abgeschrieben hat, war auch nicht dort. Denn Brot gab sie immer ihren Kindern, Haber wuchs nirgends besser als hier, Schafherden ernährte sie und gab so Wolle für das schwäbische Land, Hanf und Flachs wuchs unter der fleißigen Hand des Bauern und wurde unter den geschickten Händen der Bäuerin zu köstlicher Leinwand, die manchen Gulden brachte; in Laichingen und Münsingen, in Blaubeuren und Urach waren die großen Bleichen; ein Webstuhl stand bald in jedem Haus.
Die Unterländer sagen, es sei auf der Alb drei Vierteljahr Winter und ein Vierteljahr kalt. Freilich, die Luft, nein, der Luft kommt hier aus erster Hand, und es setzen darum die Bauern den großen schwarzen Hut fest auf den Kopf. Und in diesem spröden Lande, in dieser kühlen Luft, unter solch klarem Himmel, bei so mäßigem Wohlstand gedeiht ein gesunder Menschenschlag.
Schweigsam ist der Älbler wie sein Land und versonnen, genügsam ist er und altem Brauche ergeben, in die Ferne schaut er und träumt von ihren Wundern. Heimliche Tiefen sind in seiner Seele wie in dem Felsen der Alb, hart ist sein Wille und kantig sein Wesen wie das Gestein seiner Markung.

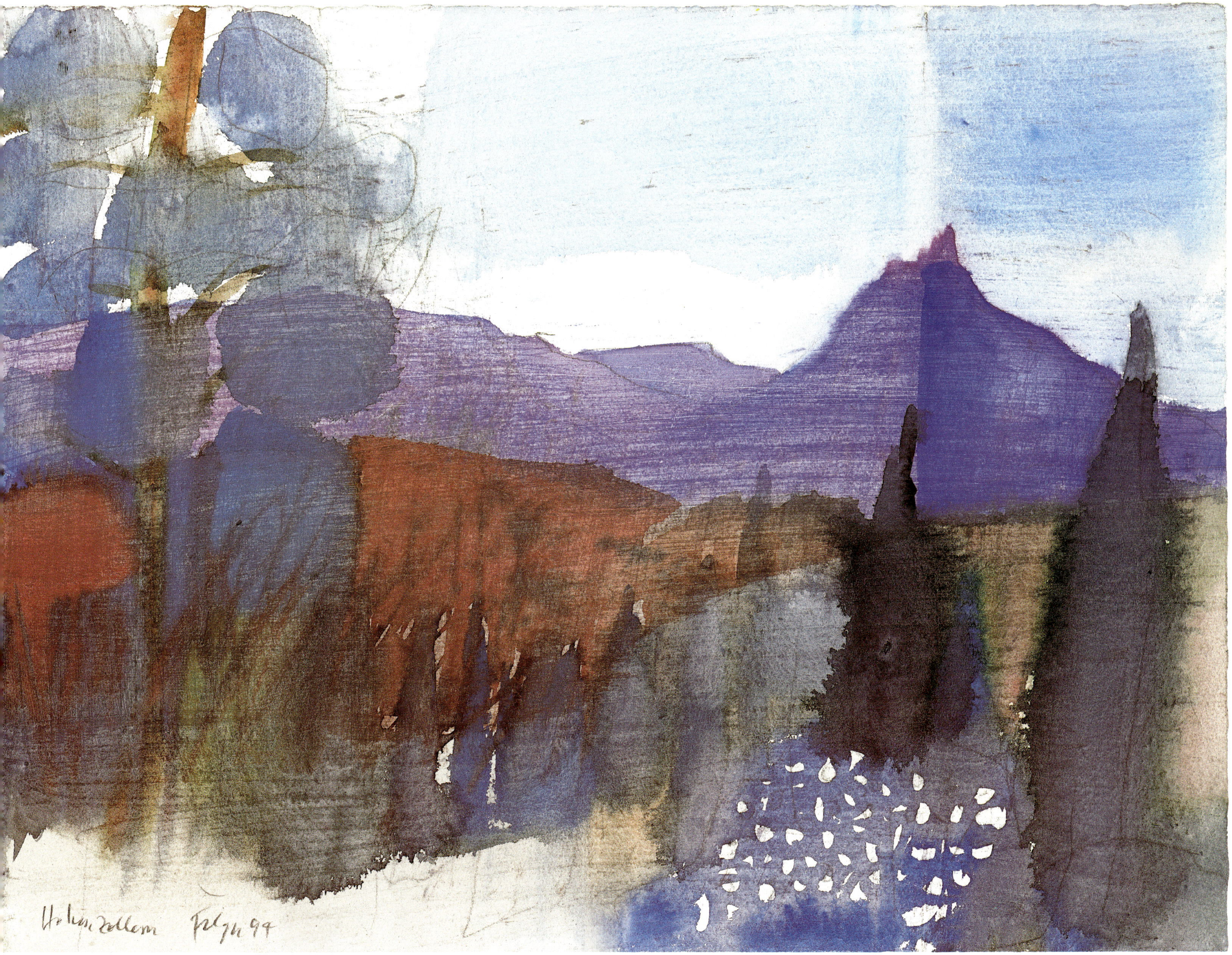
Hohenzollern
94

Nirgends in Deutschland
ist eine bessere Heimat als auf
der Alb. Keines der Kinder, die aus
diesem Lande fortziehen, wird das
Dorf mit der Kirche und der Hüle,
den Buchenwald, den Schneewinter,
den Abendhimmel, das derbe
Schwarzbrot vergessen und die
Frömmigkeit ganz verlernen, die ihm
hier ins Herz gewachsen ist...
In weiten Flächen dehnt sich das
Land; der Sonnenschein liegt weiß auf
den Felsen; die Buchen gleichen den
Riesen aus der deutschen Sagenwelt;
zart und weich ist das Braun der Äcker
und das Grün der angeblümten Felder
und Wiesen, und es ist, als ob das
Land im Morgenrot und Abendschein
zusammenklinge mit den alten
Volksliedern, die man hier singt.
Im Herbst ist die Alb wohl am
schönsten. In starken Farben leuchtet
das Laub der Bäume, die Ebereschen
an den Straßen tragen die Büschel der
roten Vogelbeeren, Auge und Herz
erquicken sich an den hohen
Gestalten der Bauern, wenn sie in
ihren blauen Älblerhemden pflügend
und säend
über den Acker schreiten.

Freilich, zu einem vollen
reichen Leben reicht es nicht;
immer müssen die Menschen auf der
Alb ein Stück aus der geistigen und
aus der göttlichen Welt mit
hereinnehmen in ihr Dasein; und die
Bauern und die Bäuerinnen wissen es
wohl, daß sie auf der Wanderschaft
sind zu einem andern Leben. ...

August Lämmle

Die Wurmlinger Kapelle

Luftig, wie ein leichter Kahn,
Auf des Hügels grüner Welle,
Schwebt sie lächelnd himmelan,
Dort die friedliche Kapelle.

Einst bei Sonnenuntergang
Schritt ich durch die öden Räume;
Priesterwort und Festgesang
Säuselten um mich wie Träume.

Und Marias schönes Bild
Schien vom Altar sich zu senken,
Schien in Trauer, heilig mild,
Alter Tage zu gedenken.

Rötlich kommt der Morgenschein,
Und es kehrt der Abendschimmer
Treulich bei dem Bilde ein;
Doch die Menschen kommen nimmer.

Leise werd' ich hier umweht
Von geheimen, frohen Schauern,
Gleich als hätt' ein fromm Gebet
Sich verspätet in den Mauern.

Scheidend grüßet hell und klar
Noch die Sonn' in die Kapelle,
Und der Gräber stille Schar
Liegt so traulich vor der Schwelle.

Freundlich schmiegt des Herbstes Ruh'
Sich an die verlaßnen Grüfte;
Dort, dem fernen Süden zu,
Wandern Vögel durch die Lüfte.

Alles schlummert, alles schweigt,
Mancher Hügel ist versunken,
Und die Kreuze stehn geneigt
Auf den Gräbern schlafestrunken.

Und der Baum im Abendwind
Läßt sein Laub zu Boden wallen,
Wie ein schlafergriffnes Kind
Läßt sein buntes Spielzeug fallen.

Hier ist all mein Erdenleid
Wie ein trüber Duft zerflossen;
Süße Todesmüdigkeit
Hält die Seele hier umschlossen.

Nikolaus Lenau

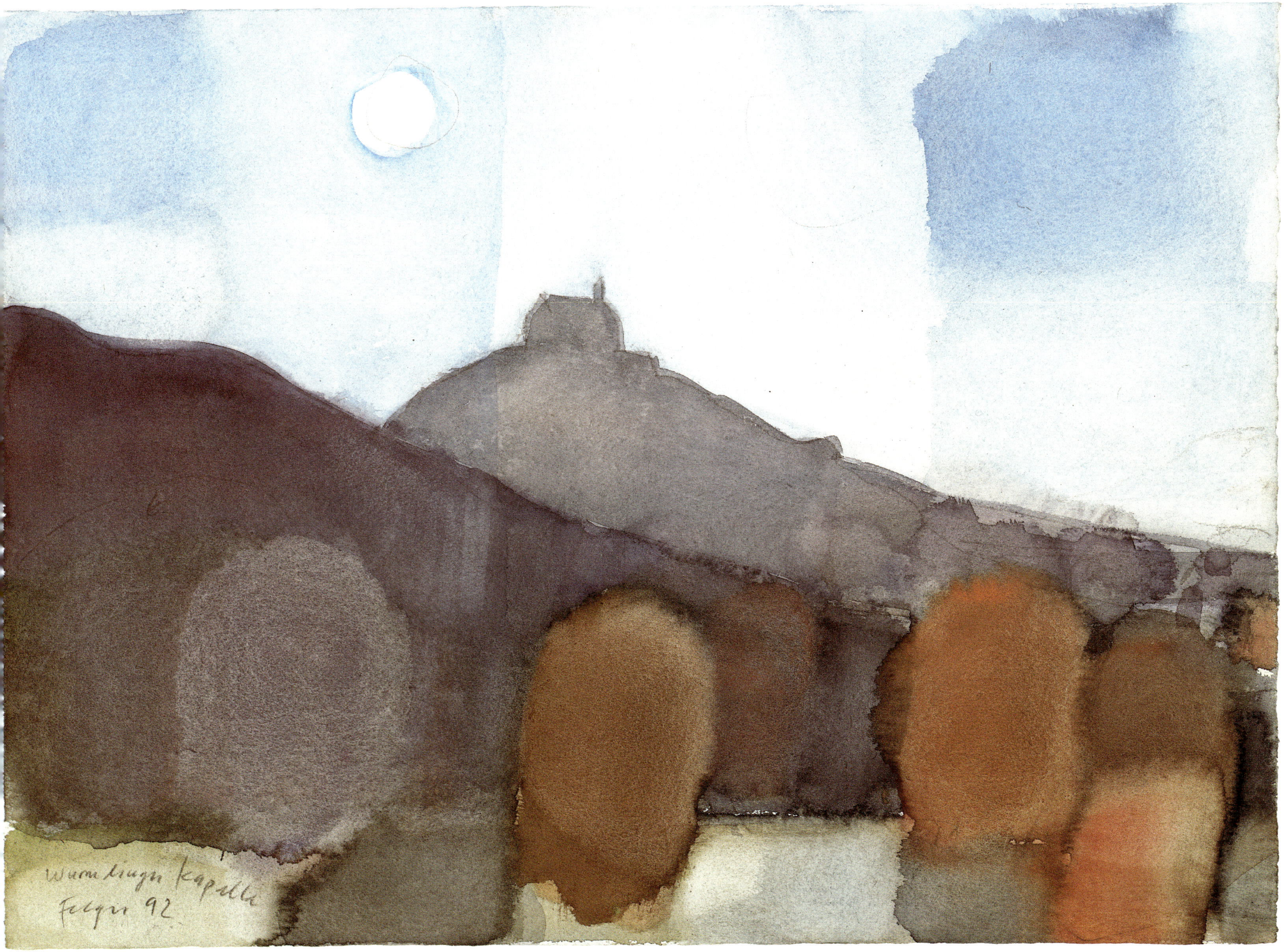
Wurmlinger Kapelle
Felger 92

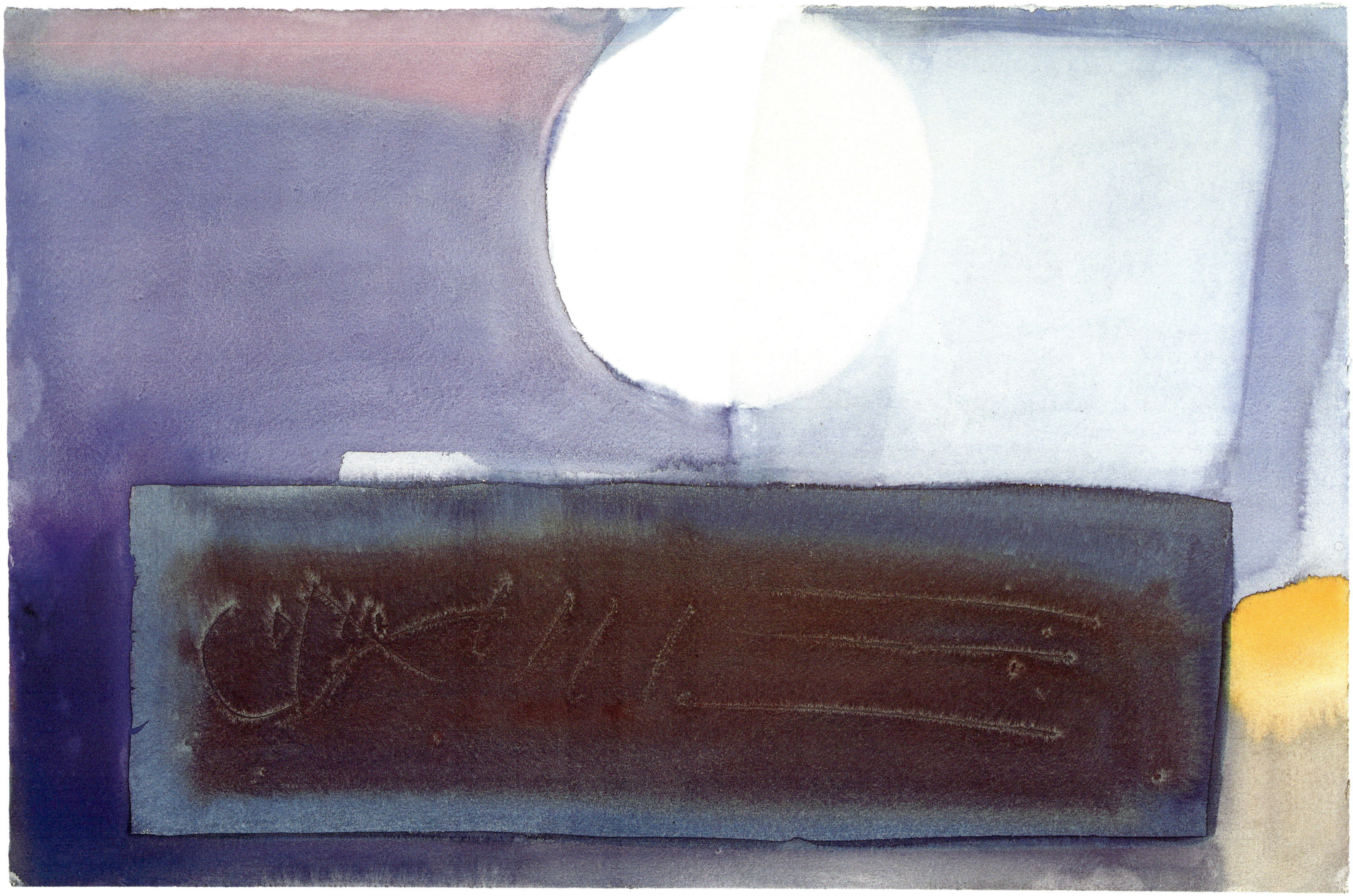

Sei mir gegrüßt,
du Felsental der Alb, du blauer Strom,
an welchem ich drei Jahre lang
hauste, die Jahre lebte, die den
Knaben zum Jüngling machen.
Sei mir gegrüßt,
du klösterliches Dach, du Kreuzgang
mit den Bildern verstorbener Äbte, du
Kirche mit dem wundervollen
Hochaltar, ihr Bilder alle in schönes
Gold des Morgenrotes getaucht!
Seid mir gegrüßt,
ihr Schlösser auf den Felsen,
ihr Höhlen, ihr Täler, ihr grünen
Wälder! …

Wilhelm Hauff

Hoch überm Schnee
der glückliche Stern

Tief unterm Eis
der träumende Keim

Und dein Schritt
der langersehnte
vor meiner Tür

Zeichen
und
Wunder

Willy Kramp

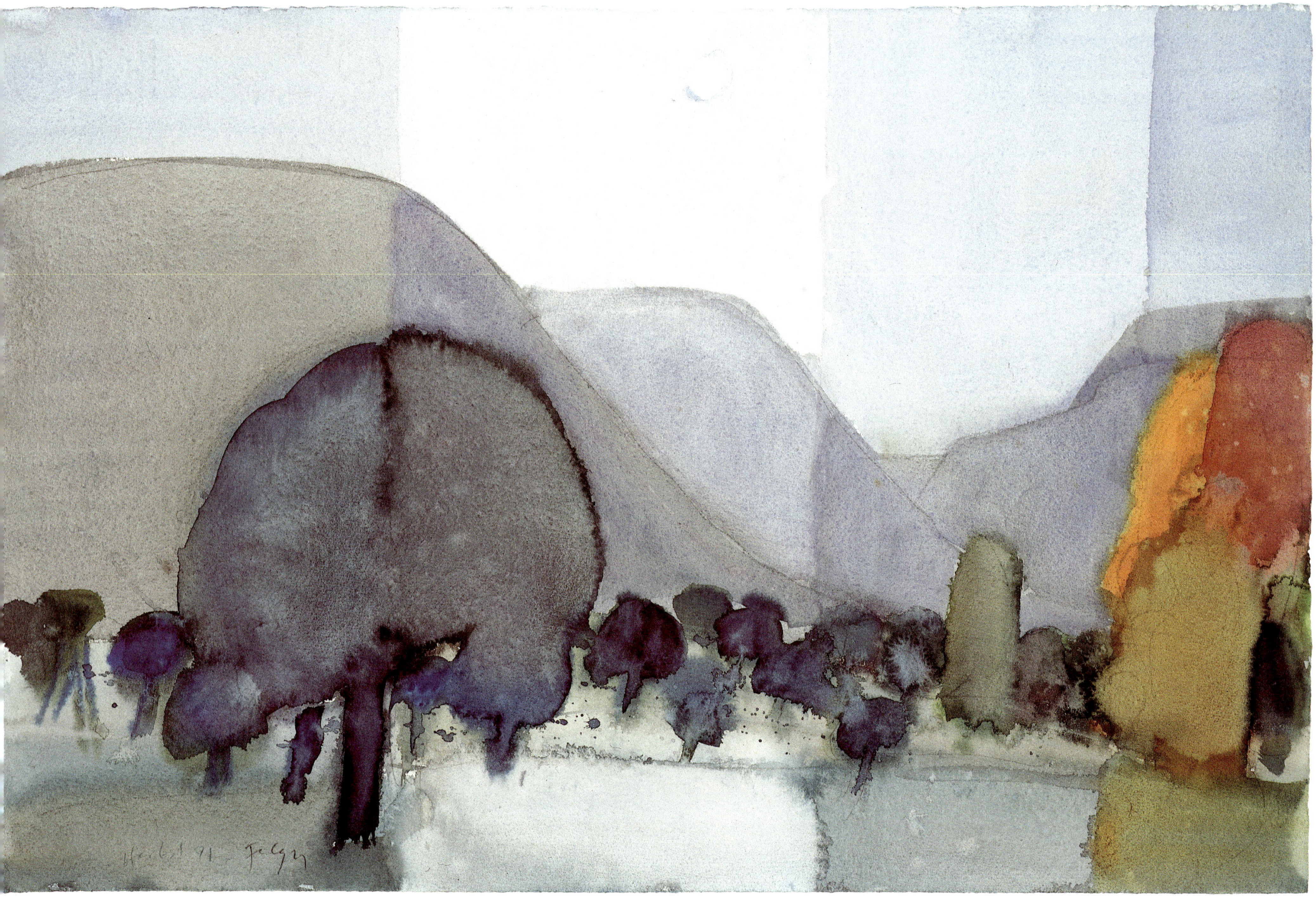

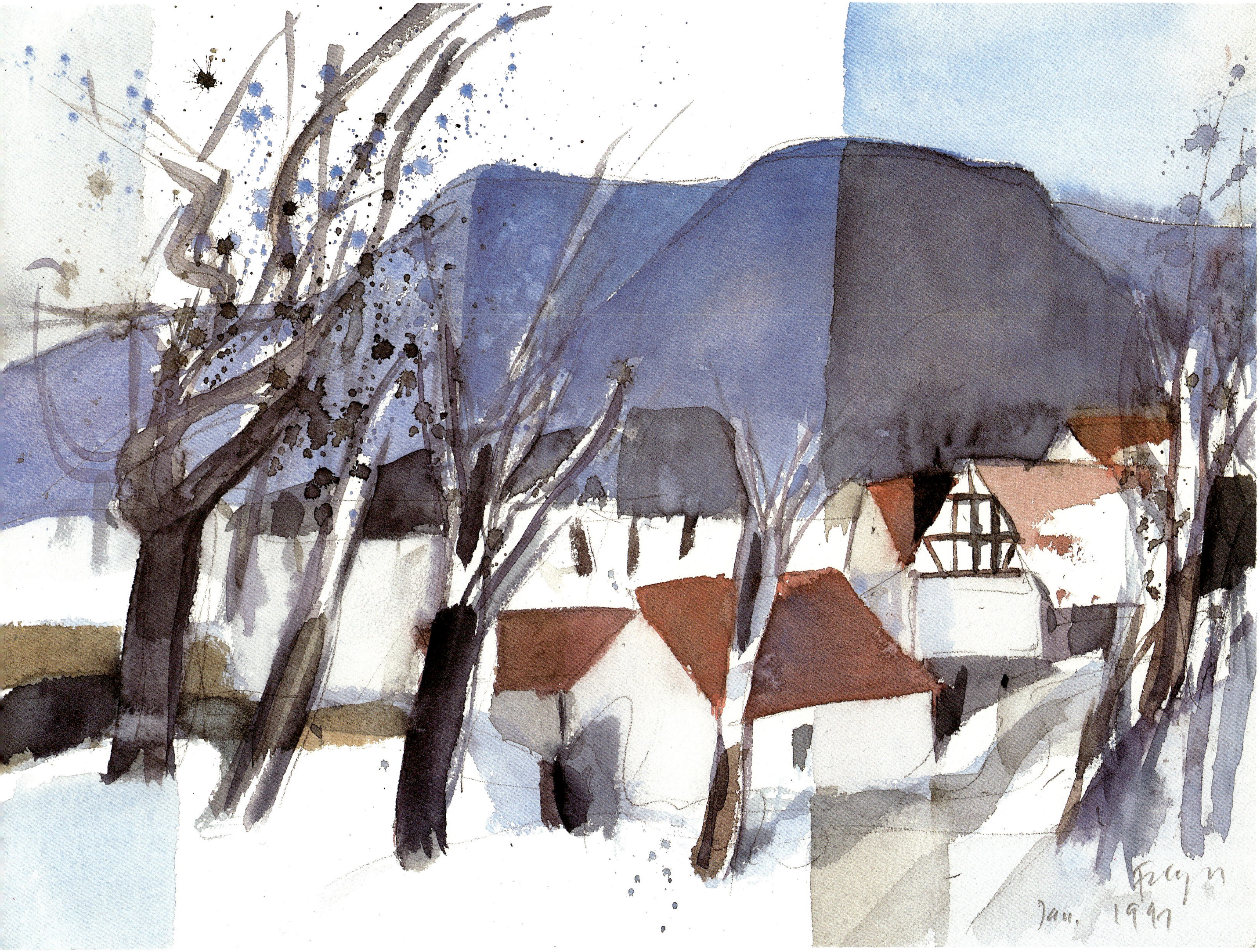
Jan. 1997

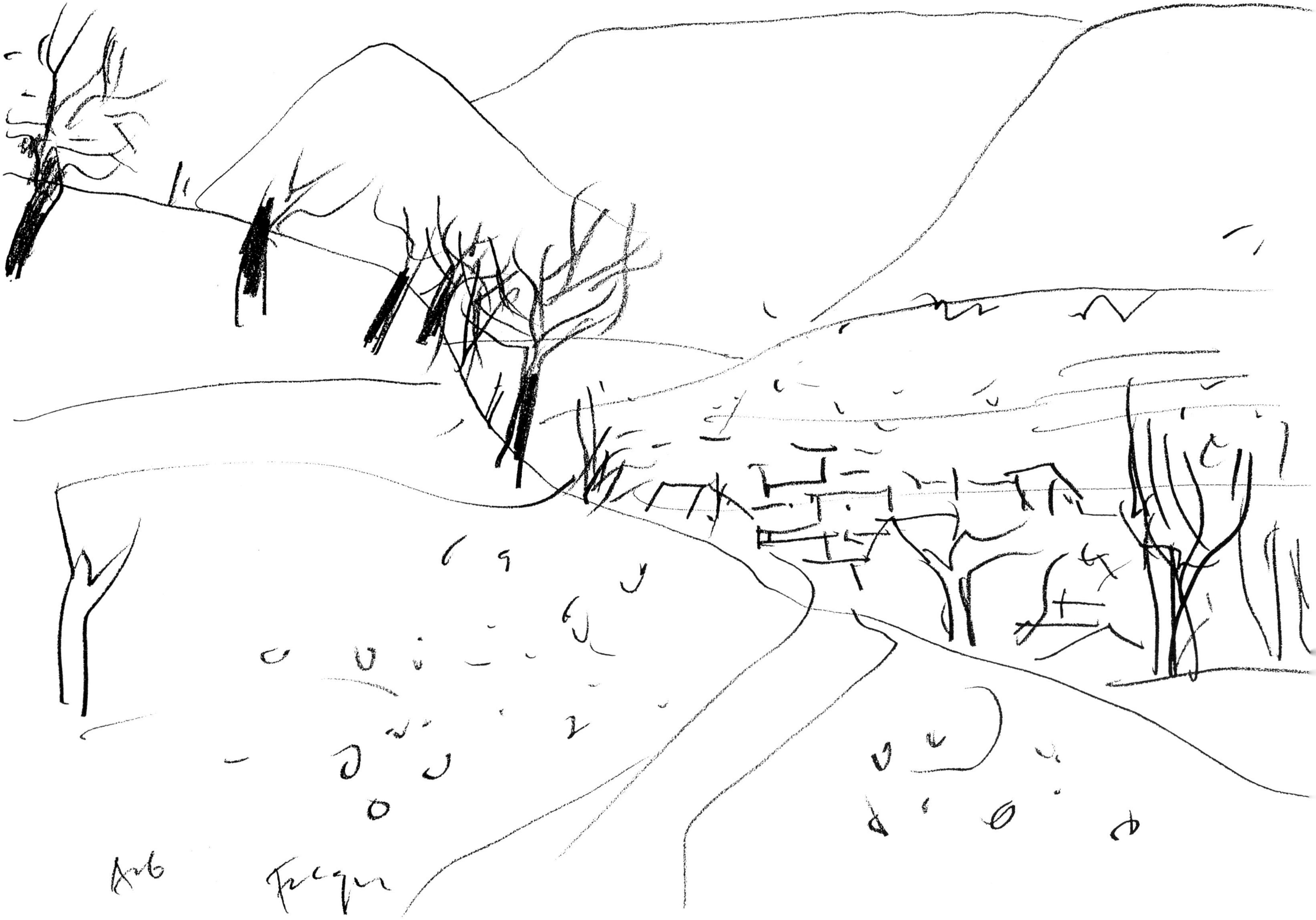

Winterliches Leben

1

Die Zuverlässigkeit des Dunkels.

Es ist Tatsache, daß nun
eine Hand die andere leichter findet.

Feuer werden angezündet
vor den Augen der Kälte.
Die Erinnerung an gestern,
ist die Geschichte von morgen:
die Worte frieren im Munde.
Die Sprache stirbt
vor den Lippen
als Rauch.

Die Krise des Lichtes hält an.
Der Frost ist eine singende Maschine.
Ihr Ton ist weit im Land
zu hören.

2

Sprich Blumen ans Fensterglas:
es ist draußen Winter.
Die Gefühle der Landschaft
heißen Langmut
mit erfrorenen Flüssen.

Das wahre Leben
nennt sich weiß.

Das Kinderspiel mit Farben
ging zu Ende.

Merke dir unterwegs alles:
zwischen Hinweg und Rückkehr
wird Schnee fallen.

Karl Krolow

Heller Winter

Rein und hart und weiß ist die Welt.
Gestern der Wind aus Nord
jagte Träume aus Nebel
treibende, blind
ohne Ende –
heute hält der Wind den Atem an.

Blendender Schnee überall
und Bergschatten blau
Himmel, blasse Bläue
zittert in seinem Licht.
Und im Schatten –
der Strom liegt strahlend fest
in seiner Vereisung
Dunkel Achat
und Glanz aus Schnee
so lang, bis grün und wechselnd
sein Lauf sich verliert
in der Weite.
Da entzündete sich das Taglicht
und flammte weiß
als sei Sonne gestürzt
auf Brocken Eis
kristallhart –
und zerbrach.

Ich schließe die Augen.
In mir bewegt sich das Blut
und klingt in den Ohren:
rein ist die Welt.

Es scheint mir: das Herz der Erde schlägt
und mein Herz, zusammen
und es fließt mit den Bächen
unter der Kruste aus Eis.

Rein ist die Welt
rein.

Avraham Ben Yitzhak

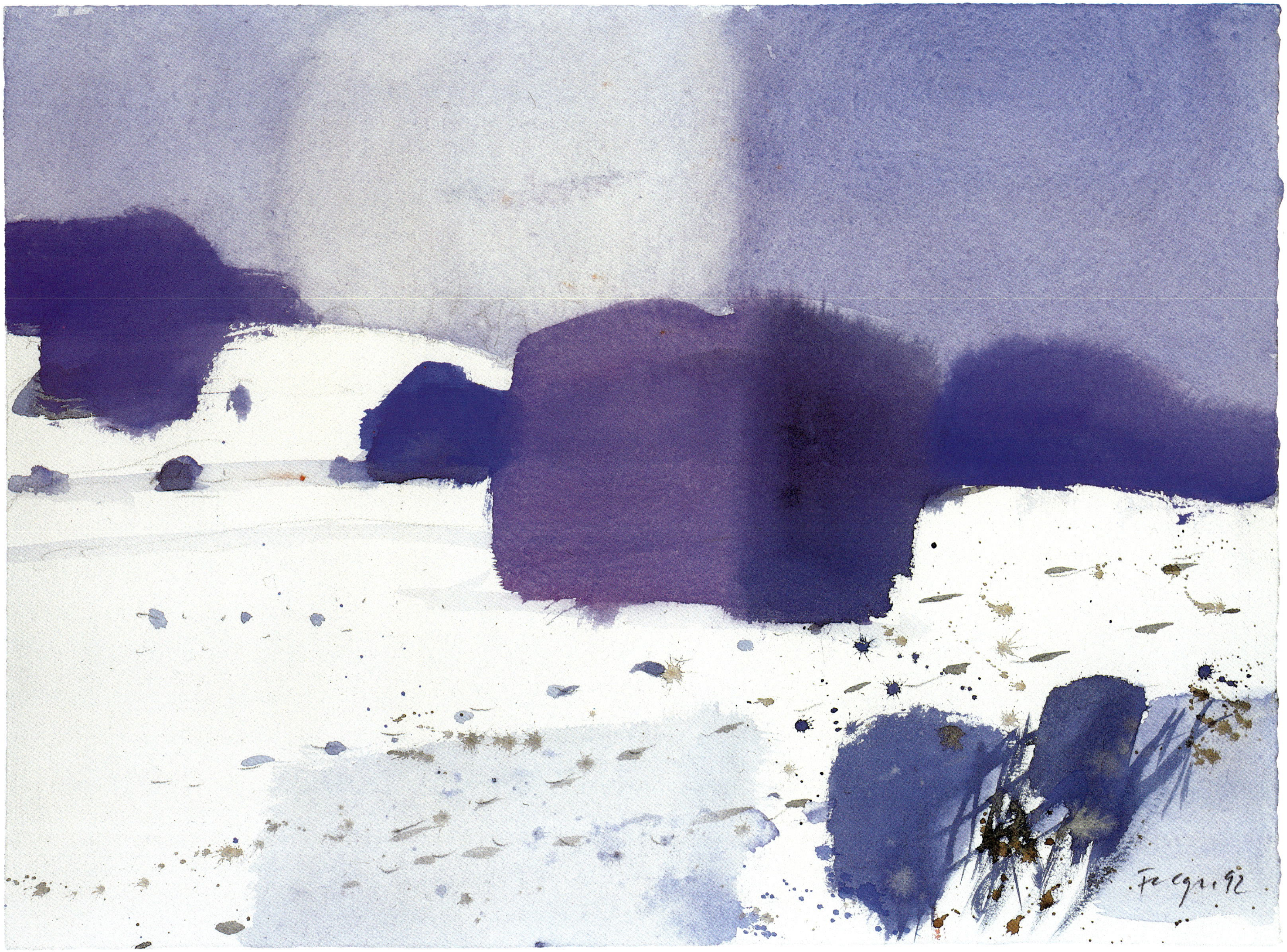

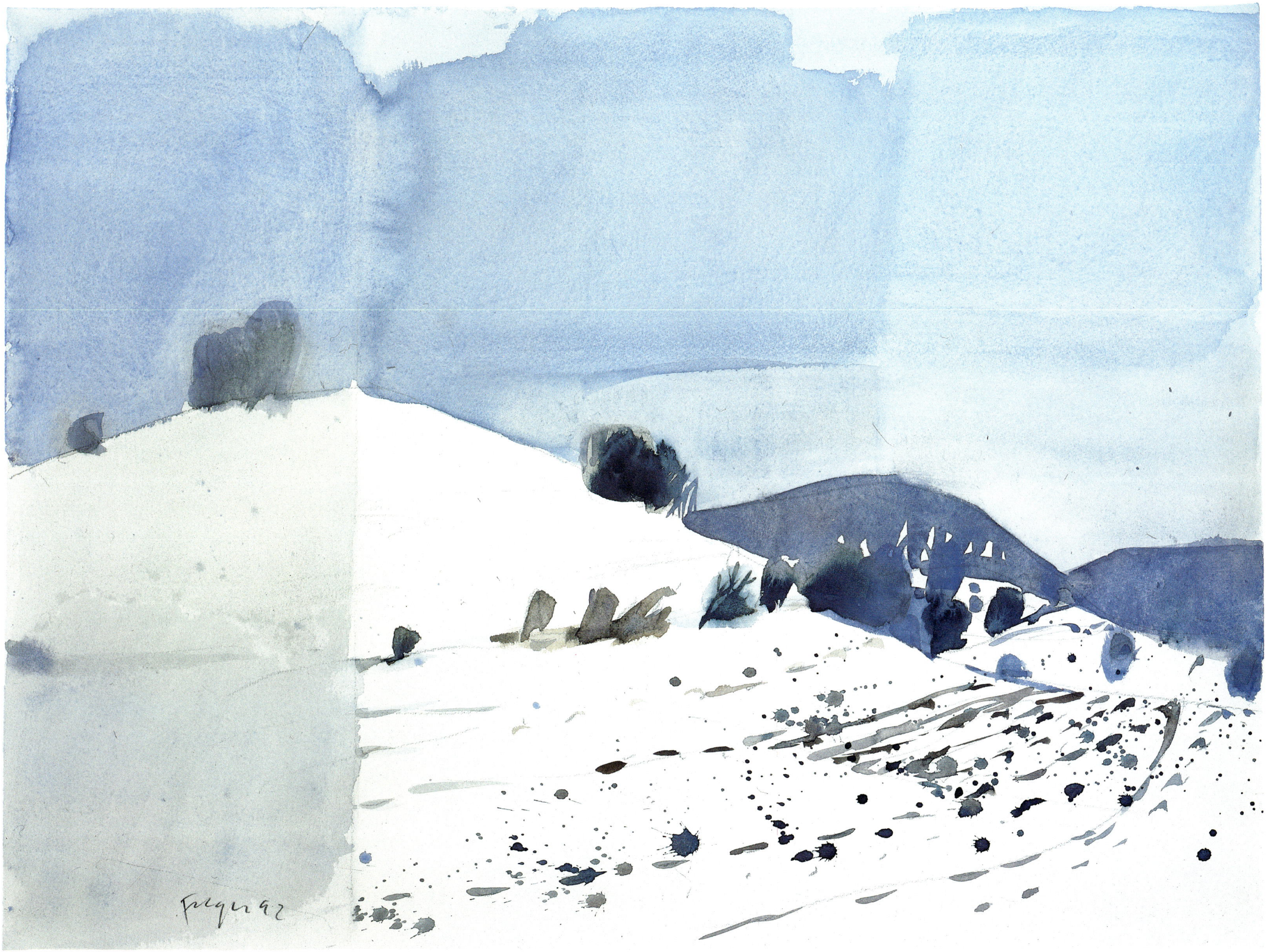

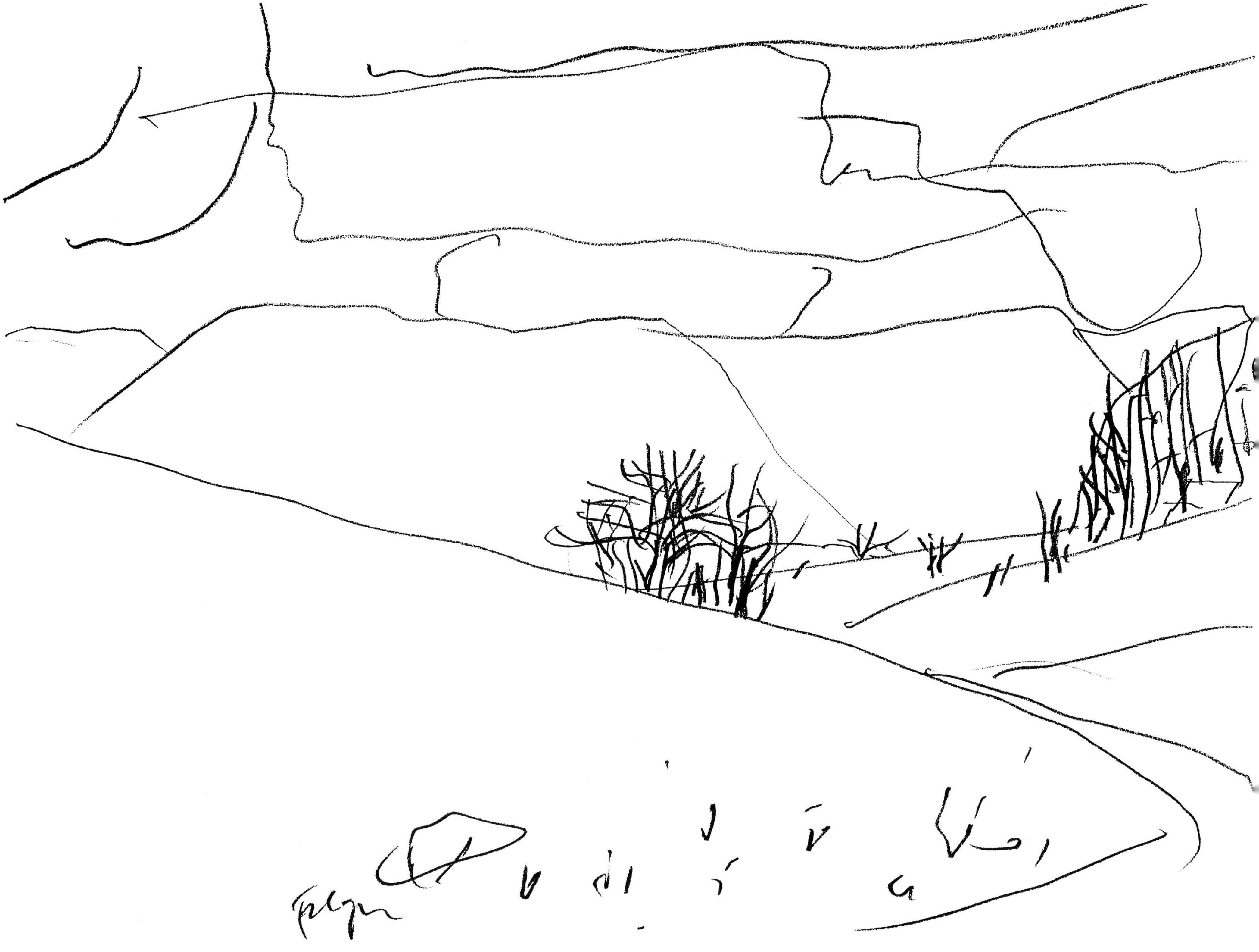

Die drei Wanderer

1

„Alles zugleich könnt ihr nicht haben, der Abt Knittel bleibt mit Hirsch und Hund und mit den Knittelversen in Schöntal, die Abtei kann man euch nicht nachtragen, auch nicht die helle Jagst und das ganze milde Hohenloher Land. Hier ist die Alb, die rauhe Alb; aber am nächsten Sonntag habt ihr fünf Stunden Ausgehzeit, ihr werdet einen Fels besteigen oder gleich eine Höhle besuchen. Glückauf!"

Das war ein Stück aus der Einstandsrede des Ephorus in Urach.

Einiges war uns vertraut; wir hatten zwei Schöntaler Jahre miteinander verbracht; einiges war neu im Schatten von Sankt Amandus; neu war Wilhelm, der erst hier zu uns kam; Wilhelm, auch Helmi genannt. Und die Begegnung mit ihm war für mich Liebe auf den ersten Blick. Seine Mutter hatte ihn hierher begleitet, und durch einen Zufall gab es sogleich ein wenig Vertrautheit. „Ihr werdet Freunde werden", sagte die Mutter, und wir wurden Freunde.

Der Zufall, der uns zusammenführte, war die dicke lateinische Bibel, die Wilhelm auspackte, und beim Betrachten der Vulgata gab es gleich einen Necknamen für ihn. Ich nannte Helmi „Hieronymus im Gehäuse", und der Name gefiel ihm sogleich. „Für mich wirst du dir freilich etwas anderes ausdenken müssen. Gehäuse, Höhlen – ich weiß nicht: ich werde hier kein Höhlenforscher werden."

„Gut. Dann nehme ich die Höhlen und lasse dir die Höhen, wir werden die Rauhe Alb nicht zähmen, zähmen läßt sie sich nicht; aber wir werden sie bald kennen."

Hieronymus war ein Schriftgelehrter; er las sechzehnjährig wie Melanchthon den Jesaja hebräisch, Lukas griechisch, und las in seiner dicken Vulgata. Er war eine Ordnungsmacht; er liebte Register, Chroniken, Lebensläufe; der Herr in Weimar hätte ihn sogleich bei sich eingestellt.

„Du kriegst auch einen Namen", sagte Hieronymus am zweiten Tag, als wir eine Mittagsfreistunde miteinander gelaufen waren. „Ikarus kann ich dich nicht rufen, auch wenn du so für das Luftige bist, du sollst mir nicht abstürzen; aber, ‚Spude dich, Kronos', denke ich, ‚fort den rasselnden Trott.'"

2

So fing das an,
und so gab es die zwei Uracher Jahre
und dann noch zwei Tübinger Jahre;
dann trennten sich unsere Wege, wie
eben das Leben Wege trennt.
Aber in diesen Jahren waren wir
zwei Wanderer, und einiges ließ sich
gemeinsam entdecken.

Hieronymus, der Schriftgelehrte,
wußte fast alles; aber er
wußte es so leicht und leise, daß sein
Freund vergnügt Weisheit,
auch Albweisheit
bei ihm einholen konnte.

Bei der Höhlenforschung
ließ ich ihn allein seines Weges
gehen. Die Tropfsteine – wohl,
und auch die Eiskristalle waren
eine Herrlichkeit, aber in den
geheimnisvollen Kahn stieg ich
nicht ein. Doch im offenen Land
waren wir ego und alter ego,
und so sah ich denn mit den Augen
des Freundes, was es hier zu
sehen gab: das bergige Land,
braun und jahrhundertalt,
die großen einsamen Bäume in den
Lichtungen, eine ernste Welt,
Waldpilze und Schlehensträucher,
die Silberdisteln, den
Frauenschuh und die Küchenschelle,
und über allem die
schweigsamen Vögel. Rauhe Alb,
weite Hochfläche, „spude Dich,
Kronos!"

„Vogelkunde, Pflanzenkunde,
Geologie, Mineralogie, Geschichte,
was nicht noch; du nimmst mirs ein
bißchen ab, Helmi, und
belehrst mich, ich bin gern dein
Scholar. Vom Tuffstein weiß
ich noch gar nichts, die Vulkane –
nun: Vulkane sind wir selber.
Den Grafen, den Eberhard, den muß
ich ja, der Großmutter und Uhland
zuliebe, selber können, und wer weiß,
so von 1820 an bin ich ganz mit im
Reisewagen. Da gibt es den
bärtigen jungen Mörike – in Marbach
ist er im Bild zu sehen –,
den Birnenmost von Sankt Johann
denken wir uns dazu;
Waiblinger finden wir bei seinen
Liebeshändeln und im Winkel
von Hahrdt kommt uns der Hölderlin
entgegen. ‚Hinunter sinket
der Wald, da nämlich ist Ulrich
gegangen.'"

In der Freistunde abends hatte
Hieronymus, der Chronist,
Tagebuch genug zu führen; ich
brachte es nur zu ein paar
Erinnerungsbildern. Es gab eine alte
Buche, die Mörike gewiß
noch gesehen hatte,
es gab Wurzelwerk und scheu-
flüchtendes Getier.

„Die Heidengräber lasse ich dir;
bei den alemannischen
Jahrtausendgeschichten sagst du mir,
was ich wissen muß,
und die Sagen lesen wir miteinander.
Ich behalte den Schäfer, der
uns heut begegnet ist; er sagte zehn
Worte: hier oben verlernt
man die Redseligkeit."

Ehe der dritte Wanderer sich zeigt,
ist viel Zeit vergangen;
Jahre, Jahrzehnte, genau genommen:
siebzig Jahre. Was für Jahre!
Diktatoren kamen und gingen mit
ihren Reichen; einmal verschwand
ein Albdorf völlig von der Landkarte,
Gruorn hieß das Dorf, und wie zum
Ausgleich stieg ein anderes Dorf in
den Weltruhm auf: Helmuth Rilling
gründete die Gächinger Kantorei.
Unter dem Gächinger Signet sang
und singt man in Tokio, in
Sydney, Moskau und Montreal ‚Es
erhub sich ein Streit' und
‚Gottes Zeit ist die allerbeste Zeit'.

Als Andreas sich uns zugesellte,
kam er bildweise, und er war
uns willkommen.

„Andreas gehört her", sagte Helmi,
„er malt wie ein Bibelkundiger malt,
auch wo er keine Bibelwelt malt.
Am liebsten würde ich ihn, wenn wir
schon Namensspiele treiben,
‚Wacholder' nennen."

Diese dunklen Machthaber,
die in seinen Landschaften
aufstehen, sagen nicht, was gestern
war oder was heute sein
könnte, sie sagen, was immer ist.

Das war Schriftgelehrtenwort.
Ich, der Poet, der Träumer, der
immer nur eines sah, wo es vieles zu
sehen gab, sagte:
„Ich glaube, Andreas bringt das Wort
‚lapidar' in unseren Disput.
Andreas ist ein heimlicher Dichter;
gewiß ist er ein Andeuter,
ein Weglasser, ein Vielverzichtender.
Aber man kann in seinen
Dörfern wohnen und auf seinen
Wiesen blüht der Juli."

3

„Sollen wir uns
auf dem großen Stein im
Apfelstettener Land
einkratzen mit den Initialen:
AF – AG – WR?
Das würde uns überdauern."

„Nein. Das sollen wir nicht.
Hier ist die alte Alb, streng und
still. Sieh den Bussard, der einen
Augenblick auf dem Stein
Rast macht. Eis und Schnee, Hagel
und Regen und Sonne doch
auch, sie alle haben ihre Zeit.
Der große Vogel fliegt weiter:
alle Ferne wird nah;
alle Nähe wird fern.
Hier haben wir nichts verloren.
Aber hier werden wir
nicht weniges finden."

Albrecht Goes

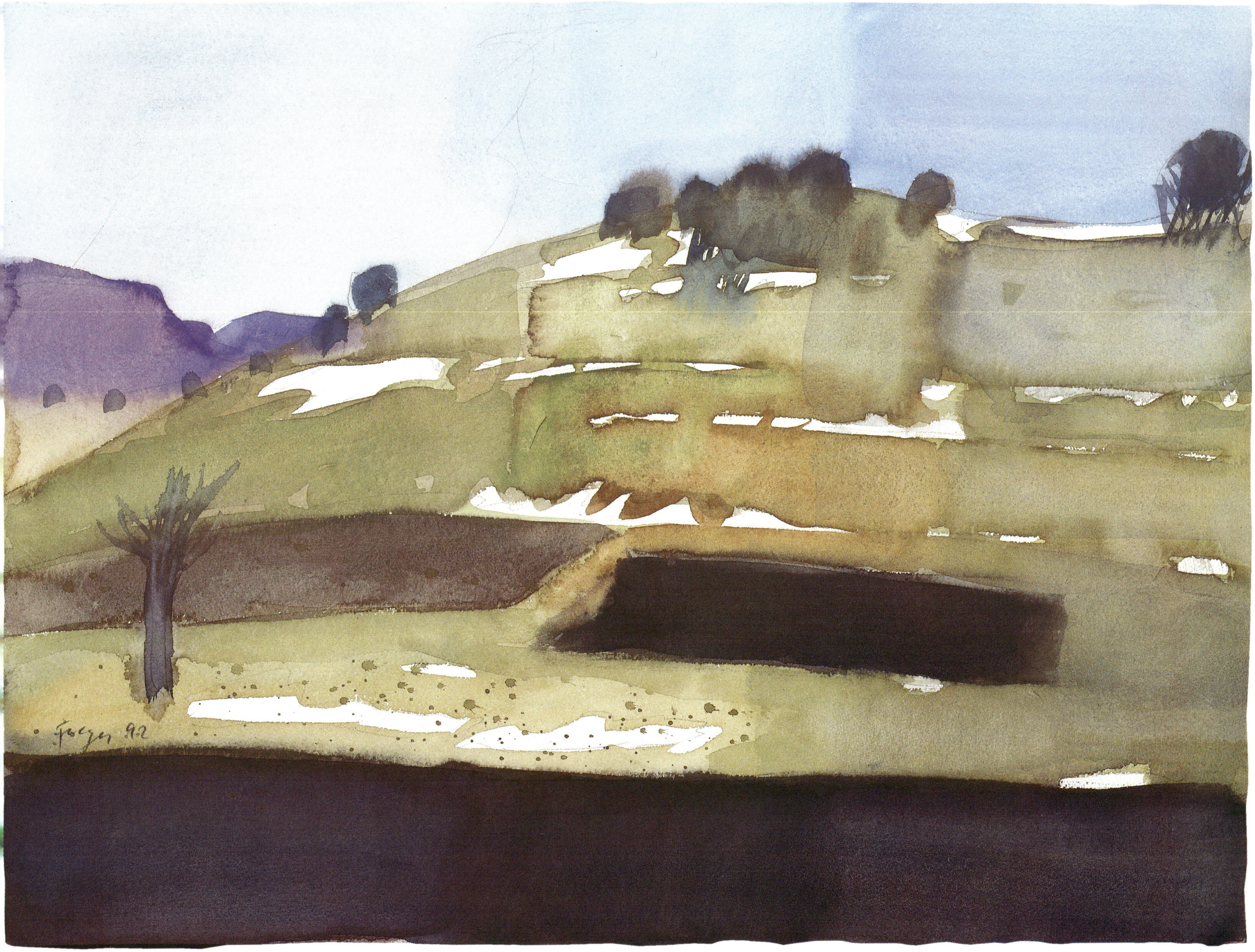

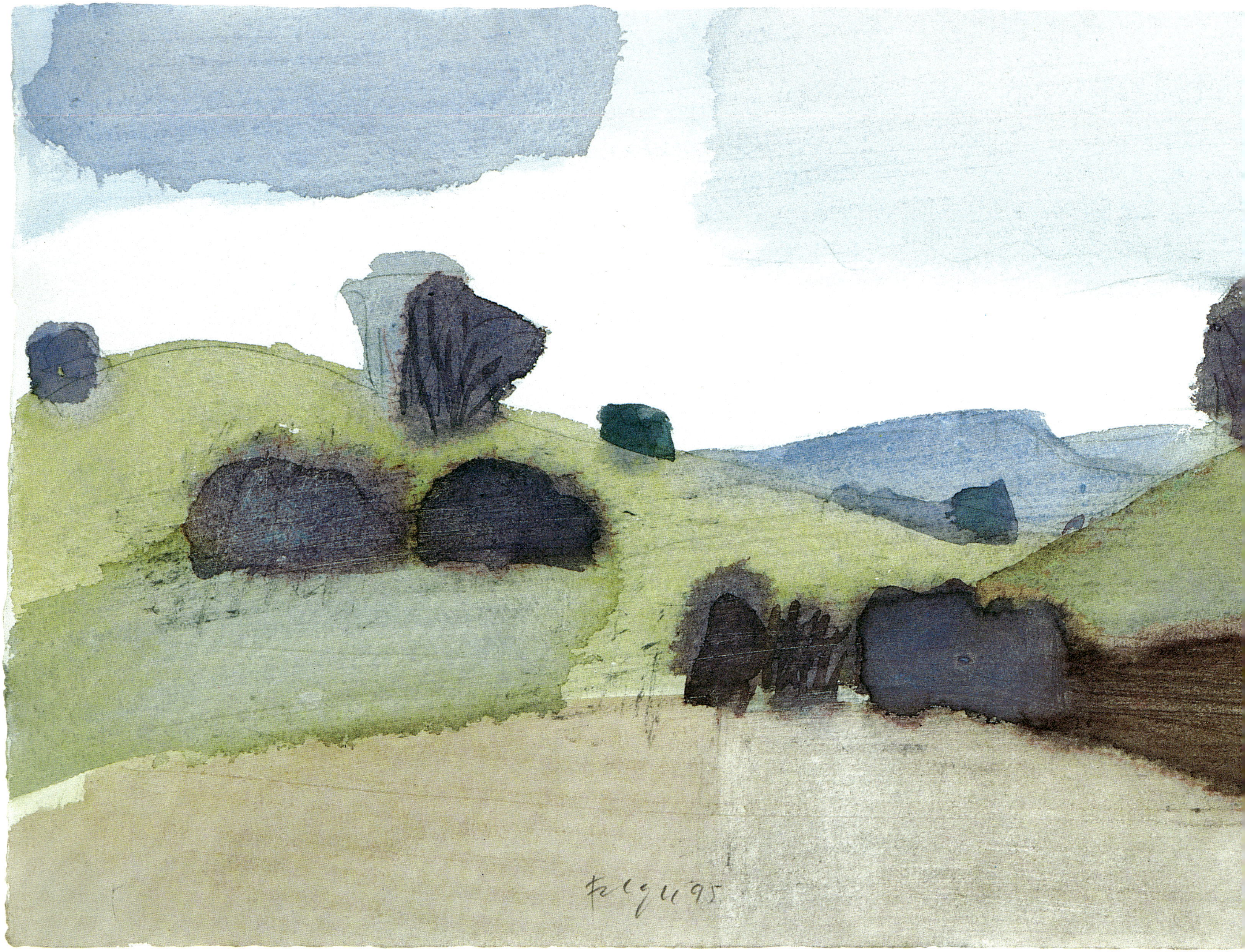

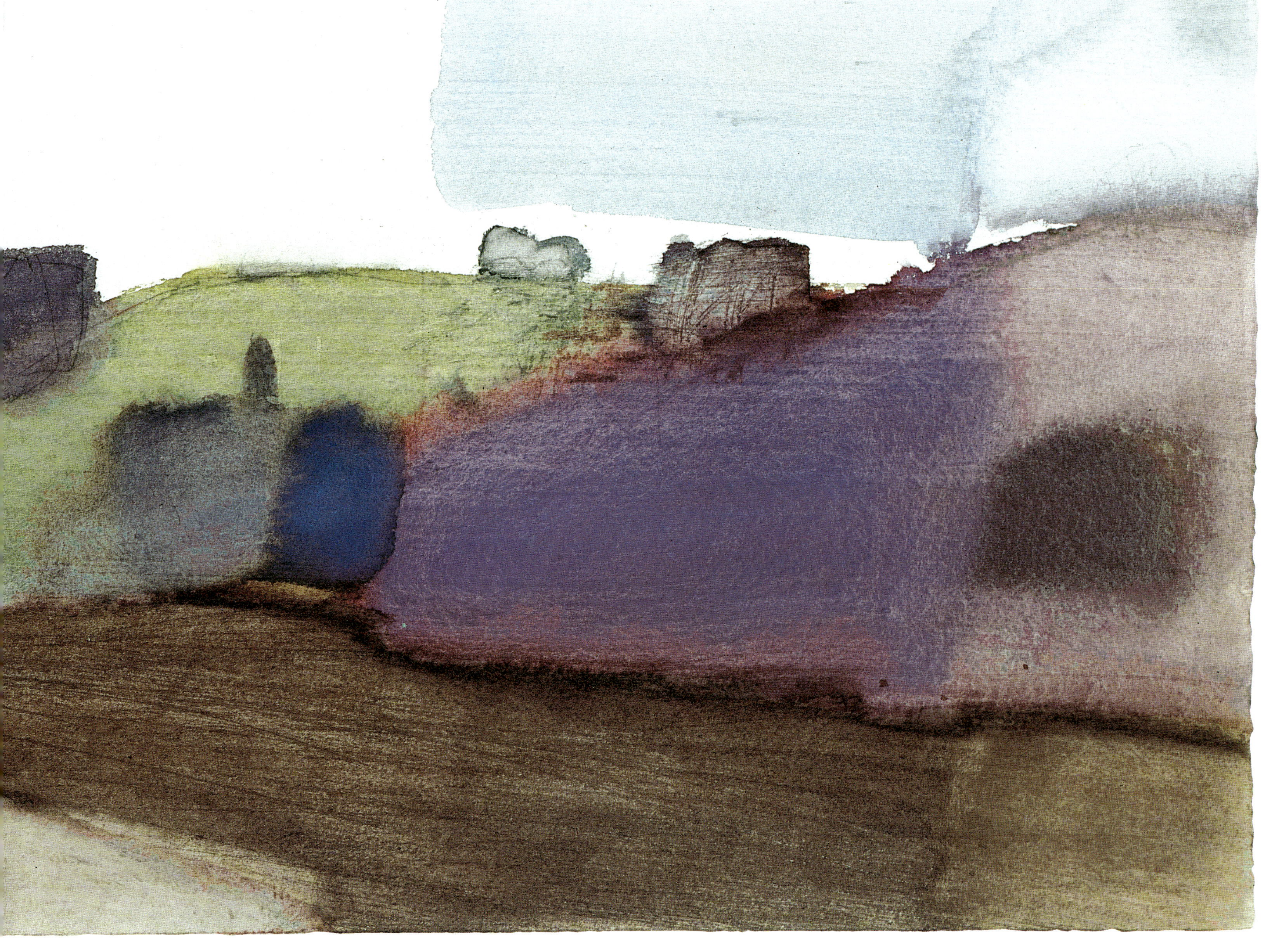

Bibliographie

Martin Gutl, Andreas Felger
Du bist Abraham
Holzschnitte und Meditationen
Präsenz / Styria 1977

Das Hohelied
Übertragen von Helmut Lamparter
Holzschnitte
Präsenz / R. Brockhaus 1981
(2. Auflage 1983)

Der Prediger Salomo
Holzschnitte
Präsenz 1982

Andreas Felger, Manfred Siebald
Kreuzschnabel
Lyrische Texte, Holzschnitte und Vignetten
Präsenz / R. Brockhaus 1983

Andreas Felger
Farbholzschnitte, Bilder, Reliefs
Ein Querschnitt seines Schaffens 1973–1985
Präsenz 1985

Romano Guardini, Andreas Felger
So vielen hast du geholfen
Holzschnitte und Meditationen
Präsenz / Grünewald 1987

Salomo, Andreas Felger
Mit dem Herzen feiern
Das Lied der Liebe, Aquarelle
Präsenz 1988 (3. Auflage 1994)

Martin Buber, Andreas Felger
Immer nur Du
Preisungen nach Martin Buber und Aquarelle
Präsenz 1990 (3. Auflage 1992)

Albrecht Goes, Andreas Felger
Unter dem offenen Himmel
Gedichte und Holzschnitte
Präsenz 1990

Oliver Kohler, Andreas Felger
Knospen im Frühwind
Gedichte und Monotypien
Präsenz 1991

Heinrich Spaemann, Andreas Felger
Emmaus – ein Weg
Meditationen, Zeichnungen und Holzschnitte
Präsenz 1991

Ulrich Wilckens, Andreas Felger
Im Anfang Er
Das Johannesevangelium neu übersetzt, Ölbilder und Skizzen
Präsenz 1991

Andreas Felger
Farbwerdung
Aquarelle und Gedichte
Präsenz 1992 (2. Auflage 1993)

Andreas Felger
Fragmente der Hoffnung
Ölbilder einer Reise
Präsenz 1993

Andreas Felger, Abba Kovner, Nelly Sachs, Arnold Schönberg
Fremdling du
Holzschnitte, Poesie und Musik (CD), viersprachig in Deutsch, Englisch, Hebräisch und Jiddisch
Schocken / Präsenz 1993

Martin Buber, Andreas Felger
Um den Morgen ists Jubel
Preisungen nach Martin Buber und Aquarelle
Präsenz 1994

Quellen

Yamabe No Akahito (um 725),
Wenn der Blütenschimmer...
aus: Manfred Hausmann, Liebe, Tod
und Vollmondnächte.
Japanische Gedichte
© S. Fischer Verlag GmbH,
Berlin und Frankfurt am Main 1951

Paul Celan, *Eingedunkelt*
aus: Gesammelte Werke, Bd. 3
© Suhrkamp Verlag,
Frankfurt am Main 1983

Max Eyth, *Die Rauhe Alb war nie...*
aus: Der Schneider von Ulm.
Geschichte eines zweihundert Jahre zu
früh Geborenen
Deutsche Verlagsanstalt,
Stuttgart 1906

Hugo Geißler, *Oktober*
aus: Hugo Geißler, Der Heimat Bild.
Bilder, Gedichte, Erzählungen,
herausgegeben vom
Schwarzwaldverein Tuttlingen, 1986
© Buchhandlung Holzwarth,
Tuttlingen

Albrecht Goes, *Echo*
aus: Albrecht Goes, Der Hirte
Kulturpolitischer Verlag, Berlin 1934
© Albrecht Goes

HAP Grieshaber,
Vielleicht muß man...
aus: Merian, Schwäbische Alb, 1971
© Ricca Grieshaber

Peter Härtling, *Die versteinerte Woge*
aus: Merian, Schwäbische Alb, 1982
© Peter Härtling

Wilhelm Hauff, *Sei mir gegrüßt...*
aus: Wilhelm Hauff, Sämtliche
Schriften, geordnet und mit einem
Vorwort versehen von G. Schwab
Brodhag, Stuttgart 1830

Manfred Hausmann,
Eine Redensart will wissen...
aus: Manfred Hausmann,
Einer muß wachen
© S.Fischer Verlag KG,
Berlin 1941

Hermann Hesse, *Der Blütenzweig*
aus: Die Gedichte
© Suhrkamp Verlag,
Frankfurt am Main 1977

Otto Heuschele,
Verweilen und anschauen
(ursprünglicher Titel: Die Zollern-Alb)
aus: Schwäbisches Land,
Hauskalender für 1967, 14. Jahrgang
© Würtembergische Landessparkasse,
Stuttgart

Friedrich Hölderlin, *Die Teck* (Auszug)
aus: Friedrich Hölderlin, Gedichte
Cotta, Stuttgart und Tübingen 1826

Oliver Kohler, *Abend auf der Alb*
aus: Andreas Felger, Oliver Kohler,
Knospen im Frühwind
© Präsenz Verlag, Gnadenthal 1991

Willy Kramp, *Der Acker...* und
Hoch überm Schnee...
aus: Willy Kramp, Ich habe gesehen
Quell Verlag, Stuttgart 1985
© Bettina Kramp

Karl Krolow, *Winterliches Leben*
aus: Karl Krolow, Unsichtbare Hände
© Suhrkamp Verlag,
Frankfurt am Main 1962

Hermann Kurz, *Das Bergmärchen*
(1839) und *Der Sonnenwirt* (1854)
aus: Hermann Kurz,
Sämtliche Werke in 12 Bänden,
herausgegeben von H. Fischer
Hesse, Leipzig 1904

Mansour Labaky,
Es war einmal ein kleines Dorf...
aus: Mansour Labaky, Kfar Sama –
Dorf des Himmels
© Horizonte Verlag, Stuttgart 1988

August Lämmle, *Die Schwäbische*
Alb, ein versteinertes Meer
aus: August Lämmle,
Das ist mein Land
© Stieglitz-Verlag, Mühlacker 1976

Nikolaus Lenau,
Die Wurmlinger Kapelle
aus: Nikolaus Lenau, Sämtliche Werke
und Briefe in 4 Bänden,
herausgegeben von A. Grün
Cotta, Stuttgart / Augsburg 1855

Eduard Mörike,
Aus einem Brief an Luise Rau (1832)
aus: Eduard Mörike, Briefe,
ausgewählt und herausgegeben von
Karl Fischer und Rudolf Krauß
in 2 Bänden,
Berlin, 1903–1904
und *Besuch in Urach* (Auszug)
aus: Eduard Mörike, Gesammelte
Schriften in 4 Bänden
Göschen, Stuttgart 1878

Eduard Paulus, *Schwäbische Alb*
aus: Eduard Paulus, Die Alb,
Blätter des Schwäb. Albvereins, 5
Stuttgart 1893

Theodor Reysmann, *Die Blauquelle*
aus: Theodor Reysmann, Fons Blavus.
Poetische Beschreibung von Blautopf
und Kloster Blaubeuren aus dem Jahre
1531 – Ein alter Druck
wiederaufgefunden und
herausgegeben von Hans-Günter
Bilger, übersetzt von Joachim Walter
© Fonsblavus-Verlag,
Tübingen 1986, jetzt Renningen

Rainer Maria Rilke, *Wir sind gewohnt,*
mit Gestalten zu rechnen...
aus: Rainer Maria Rilke, Worpswede,
Velhagen & Klasing,
Leipzig / Bielefeld 1903
und *In diesem Dorfe*
aus: Rainer Maria Rilke, Das Stunden-
Buch enthaltend die drei Bücher: Vom
moenchischen Leben, Von der
Pilgerschaft, Von der Armuth und
vom Tode
Insel, Leipzig 1905

Reinhold Schneider, *Heimkehr*
enstanden um den 30.6. / 1.7.1937
aus: Gesammelte Werke, Bd. 5
© Insel Verlag,
Frankfurt am Main 1981

Fritz Schray, *Sommertag auf der Alb*
aus: Fritz Schray, Ein Heuberg-Brevier,
Gedichte der Heimat im Jahreslauf,
Sonderdruck aus Tuttlinger
Heimatblätter 1971
© Fritz Schray

Avraham Ben Yitzhak, *Heller Winter*
aus: Avraham Ben Yitzhak,
Es entfernten sich die Dinge. Gedichte
und Fragmente, herausgegeben und
aus dem Hebräischen übersetzt von
Efrat Gal-Ed und Christoph Meckel
© Carl Hanser Verlag,
München / Wien 1994

Aquarelle und Zeichnungen:
Andreas Felger, Gnadenthal

Textauswahl:
Oliver Kohler, Mainz
Buchdesign:
Albert Müllenborn, Wuppertal
Filmbelichtung:
Zerres, Leverkusen
Reproduktionen:
ERWE Litho, Hünstetten-Wallbach
Druck:
Grafische Werkstätte
der Gustav Werner Stiftung,
Reutlingen
Buchbindearbeiten:
Realwerk G. Lachenmaier, Reutlingen
Printed in Germany
Gedruckt auf Phoeno-Matt halbmatt,
chlorfrei gebleicht

ISBN 3–87630–454–7

Präsenz Verlag, 65597 Gnadenthal
1995